# 하루 5분
# 습관 수업

| 의지가 약해도 할 수 있는 아주 작은 습관 만들기 |

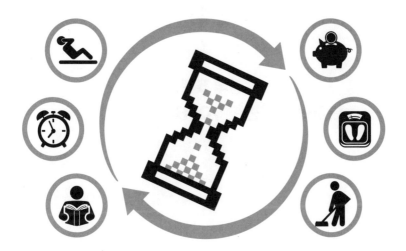

# 하루 5분
# 습관 수업

**요시이 마사시** 지음 | **장은주** 옮김

현대
지성

**시작하며**

# 하루 5분,
# 뇌과학에 기반한 70가지 습관의 기술

오늘 당신은 어떤 고민을 하고 있는가?

→ 일찍 일어나는 게 힘들다

→ 영어 공부를 꾸준히 하지 못한다

→ 다이어트를 해야 하는데 자꾸 과식한다

→ 담배를 끊을 수 없다

하나같이 흔하디흔한 고민이다. 이러한 고민의 원인은 당신의 의지가 약해서도 의욕이 없어서도 아니다. 심지어 타고난 능력이나 성격 탓도 아니다. 그렇다면 왜 마음먹은 대로 되지 않을까?

습관을 들이는 법을 알지 못했기 때문이다. 습관이란, 스스로 하기로 정한 것을 꾸준히 계속하는 것이다. 당신의 인생은 어떤 습관을 들이느냐에 달려 있다. 습관이 모든 것을 결정한다. 즉, 습관이 전부다. 이것이 내가 이 책에서 전하고자 하는 바이다.

나는 습관 형성 컨설턴트로서 지금까지 기업 경영자부터 일반 회사원, 학생, 어린이까지 대략 5만 명에게 습관 만드는 방법을 가르쳐 왔다. 그 과정에서 습관으로 인생을 완전히 바꾼 사람이 헤아릴 수 없이 많다. 만년 꼴찌였던 영업사원이 일등 영업사원으로 거듭나고, 자존감이 바닥을 쳤던 사람이 다이어트에 성공하여 당당함을 되찾고, 삐걱대던 부부 관계가 원만해지는 등 좋은 습관을 들여 자기다운 인생을 걷기 시작한 사람들이 수없이 많다. 그래서 나는 이렇게 단언한다.

"습관은 내 인생을 송두리째 바꾸었다!"

일이나 공부, 가정이나 인간관계에 이르기까지 모든 영역에서 습관은 든든하게 당신 편이 되어 준다. 습관은 평생 도움이 되는 최강의 스킬이다. 습관을 만들 때 타고난 능력이나 자질이 없어도 된다. 내가 전하는 방법은 실천하기도 매우 쉽다. 뿐만 아니라 뇌과학을 기반으로 하여 누구나 평등하게 타고난 뇌의 기본 기능을 최대한 살린다. 나이나 직업, 학력과도 전혀 상관없으며 남녀노소 누구나 하루

5분만 투자하여 방법을 익히면 손쉽게 습관을 만들 수 있다. 이 5분 안에 원리와 방향, 비결이 모두 들어 있으므로 당신의 일상에서 적용만 하면 그만이다.

이 책의 내용은 다음과 같다.

1장에서는 습관이 인생의 전부를 결정하고 있음을 설명한다. 왜 습관이 인생을 좌우할 만큼 영향력이 있는지 알 수 있다. 2장에서는 습관의 정체를 밝힌다. 지금까지 습관을 들이는 게 그토록 어려웠던 이유를 알게 될 것이다. 3장에서는 습관 형성의 포인트를 소개한다. 처음 습관을 들이는 데 필요한 구체적인 방법과 좌절하지 않는 요령 등 습관 형성에 필요한 실천적인 노하우를 전한다. 4장에서는 뇌의 힘으로 습관을 형성하는 강력한 방법을 설명한다. 뇌와 습관은 강하게 연결되어 있으므로 뇌의 특성을 이해하면 확실하게 습관을 형성할 수 있다. 5장에서는 테마별 습관 형성법을 소개한다. 일찍 일어나기와 독서, 다이어트, 저축 등 많은 사람이 익히고 싶어 하는 방법을 안내하고 있다.

이 책이 당신의 습관을 바꾸어 꿈을 현실로 이루는 데 조금이라도 도움이 된다면 더할 나위 없이 기쁘겠다.

요시이 마사시

# 목차

시작하며 · 006

**1장** **습관이 전부다**

001 · **모든 것은 습관으로 결정된다** · 019
지금의 나는 과거의 습관이 만들어 낸 결과물이다

002 · **당신은 습관에 조종당하고 있다** · 022
뇌에 각인된 기억들이 무의식중에 행동으로 나타난다

003 · **습관을 바꾸면 인생이 바뀐다** · 026
만년 꼴찌 영업사원이 습관 하나로 일등이 되다

004 · **습관화하기 쉬운 심플한 스킬** · 029
평생 든든한 당신의 편이 된다

005 · **습관이라는 무기** · 031
조금만 생각을 바꿔도 기회는 무궁무진

006 · **일, 인간관계, 돈, 건강 … 모든 것이
습관의 힘으로 술술 풀린다** · 033
누구나 할 수 있는 손쉬운 방법으로 가능하다

007 · **습관을 정착시키는 데 나이는 필요 없다** · 039
오늘 시작하면 내일부터 인생이 바뀌기 시작한다

008 · **의지도 의욕도 재능도 필요 없다** · 041
인생을 바꾸는 데 필요한 좋은 착각

009 · **나 역시 꾸준함과는 거리가 먼 인생이었다**   · 043
나락으로 떨어졌던 32세의 나를 바꾼 만남

010 · **습관의 힘으로 이상적인 내가 될 수 있다**   · 049
인생을 바꾸려고 한 시점에 이미 인생은 바뀌기 시작한다

**2장**   당신이 계속하지 못한 이유

011 · **습관이란 무엇인가**   · 053
습관은 본성이다

012 · **왜 당신은 계속할 수 없을까**   · 056
뇌는 즐거우면 계속하고 즐겁지 않으면 계속하지 않는다

013 · **기억은 곧 습관이 된다**   · 060
과거의 데이터가 우리 감정을 지배한다

014 · **왜 나쁜 습관은 멈출 수 없을까**   · 063
다이어트는 단것을 멀리하는 것부터

015 · **습관화를 방해하는 정체**   · 066
안락함과 충실함, 어느 쪽을 택할 것인가

016 · **습관 = 생각의 깊이×반복**   · 070
구조만 이해하면 얼마든지 습관을 만들어 낼 수 있다

**3장**   의지가 약해도 계속할 수 있다!
최강의 습관 형성 스킬

017 · **먼저 작은 습관부터 시작한다**   · 075
작은 습관이 쌓이고 쌓여 인생을 크게 바꾼다

018 · **일단 시작하는 것이 중요하다** · 082
처음에는 부담 없이 시작한다

019 · **문턱을 낮춘다** · 084
복근 운동은 한 번, 일기는 한 줄이면 된다

020 · **게임을 한다는 생각으로 즐긴다** · 087
하나씩 공략해 나가는 것이 동기부여가 된다

021 · **자연스럽게 할 수 있는 구조를 만든다** · 089
의지나 의욕에 기대지 않고 계속할 수 있는 환경을 만든다

022 · **한발 앞 습관을 정한다** · 092
일찍 일어나기로 했다면 몇 시에 잘지부터 정한다

023 · **진심을 다해 행동한다** · 094
아무리 좋은 습관도 성의 없이 하면 나쁜 습관이 된다

024 · **좌절하지 않는 비결①**
**자신이 꿈꾸는 모습을 명확히 그린다** · 096
꿈은 크면 클수록 좋다

025 · **좌절하지 않는 비결②**
**지금의 나를 바라본다** · 099
현재 위치를 모르고 목적지에 이르기는 불가능하다

026 · **좌절하지 않는 비결③**
**무엇을 위한 것인지 생각한다** · 103
목적이 없으면 계속하기 어렵다

027 · **좌절하지 않는 비결④**
**누구를 기쁘게 하고 싶은가?** · 105
누군가를 위해서라면 높은 벽도 뛰어넘을 수 있다

028 · **좌절하지 않는 비결⑤**
**반드시 해야 한다는 생각은 버린다** · 110
하고 싶은지 하고 싶지 않은지 그 감정을 중시한다

**029 · 즉시 찾아오는 악마의 속삭임** · 113
자신의 본성을 알 수 있는 절호의 기회

**030 · 핑계 목록을 만든다** · 116
핑계를 종이에 써서 하나씩 줄여 간다

**031 · 작심삼일은 나쁘지 않다** · 119
3일밖에 못한 것이 아니라 3일이나 계속했다

**032 · 성공분기점을 넘기면 꿈꾸던 모습에 가까워진다** · 122
꾸준히 계속하면 어느 순간 쑥쑥 성장한다

## 4장 · 뇌의 힘으로 초강력 습관을 만든다

**033 · 오래 계속하는 습관은 이렇게 만든다** · 127
입력습관, 언어습관, 사고습관, 행동습관, 이 각각의 역할을 숙지한다

**034 · 습관 형성의 열쇠는 뇌의 스피드에 있다** · 130
입력에서 사고까지는 고작 0.5초

**035 · 우리의 뇌는 순식간에 부정적 사고를 완성한다** · 132
부정적 사고에 잠식당한 사람을 기다리는 것은 좌절뿐이다

**036 · 긍정적 출력을 늘려 뇌를 긍정으로 이끈다** · 134
뇌는 입력보다 출력을 신뢰한다

**037 · 만능 문구를 만들어 순식간에 출력한다** · 137
0.2초 전에 행동하여 뇌가 부정적 기억을 검색할 틈을 주지 않는다

**038 · 말의 의미를 변환하여 생각을 바꾼다** · 140
공부는 성장으로, 케이크는 지방 덩어리로 변환한다

**039 · 만능 포즈와 미소로 뇌의 긍정적 힘을 강화한다** · 143
만능 포즈와 미소로 뇌를 속인다

040 • 긍정적 출력으로 바꾸는 비장의 무기 • 147
'기쁨, 즐거움, 행복' 트레이닝으로 당연함을 고마움으로 바꾼다

041 • 뇌에서 부정적인 것들이 사라진다! • 150
잠자기 전 10분만 투자하면 상쾌한 아침을 맞을 수 있다

042 • 뇌를 설레게 할수록 습관은 더 견고해진다 • 154
진심으로 설렐 만한 미래의 꿈을 그린다

043 • 미래 연표와 미래 일기로 더욱 설레게 한다 • 159
금메달리스트도 실천한 미래 시각화 방법

044 • 꿈을 나눌 수 있는 친구를 만든다 • 162
긍정적 출력에 긍정적 출력으로 화답할 수 있는 사람과 사귄다

045 • 과거에 설렜던 기억이나 존경하는 사람을 찾는다 • 164
도저히 미래가 그려지지 않을 때의 대처법

046 • 뇌를 속여 확신습관을 만든다 • 167
뇌에 긍정적인 질문을 한다

047 • 나쁜 착각을 좋은 착각으로 바꾼다 • 170
모든 것은 고정관념에 지나지 않는다

## 5장 습관의 힘으로 당신의 인생이 움직이기 시작한다

048 • 습관을 바꾸면 인생의 모든 것이 좋게 바뀐다 • 175
계속하고 싶은 것과 끊고 싶은 것

049 • 좋은 습관 지속하기① 일찍 일어나기 • 176
일어나는 시간과 자는 시간을 확실하게 정한다

050 • 좋은 습관 지속하기② 일기 • 178
한 글자라도 괜찮고, 교환일기도 있다

051 • **좋은 습관 지속하기③ 블로그**     • 182
재미있는 것, 기발한 것을 써야 할 필요는 없다

052 • **좋은 습관 지속하기④ 다이어트**     • 184
성공한 후의 이미지를 구체적으로 그린다

053 • **좋은 습관 지속하기⑤ 러닝**     • 186
피곤하면 도중에 걸어도 괜찮다

054 • **좋은 습관 지속하기⑥ 근육 트레이닝**     • 190
조금씩 횟수를 늘리는 것이 포인트

055 • **좋은 습관 지속하기⑦ 일**     • 192
한발 앞 습관이 일의 질과 속도를 높인다

056 • **좋은 습관 지속하기⑧ 부하 직원 육성하기**     • 194
즐거움을 어필한다

057 • **좋은 습관 지속하기⑨ 영업**     • 197
신뢰와 감사가 매출 증가의 열쇠

058 • **좋은 습관 지속하기⑩ 입시 공부**     • 200
입학 후의 설렘을 떠올리면 힘든 공부도 견뎌낼 수 있다

059 • **좋은 습관 지속하기⑪ 영어 공부**     • 202
영어를 잘했을 때 생길 즐거운 일을 떠올린다

060 • **좋은 습관 지속하기⑫ 독서**     • 204
일단 책을 펼치기만 한다

061 • **좋은 습관 지속하기⑬ 저축**     • 207
저축에 이름을 붙이고 확실한 목적을 부여한다

062 • **좋은 습관 지속하기⑭ 인간관계**     • 210
바꿀 수 있는 것부터 바꾸어 간다

063 • **좋은 습관 지속하기⑮ 가족**     • 213
당연함을 고마움으로 바꾼다

064 • **좋은 습관 지속하기⑯ 정신 건강**  • 215
단점보다 장점을 본다

065 • **좋은 습관 지속하기⑰ 청소**  • 218
집에 도착한 즉시 시작한다

066 • **좋은 습관 지속하기⑱ 자녀교육**  • 220
긍정적 질문으로 긍정적 답변을 끌어낸다

067 • **나쁜 습관 끊기① 담배·술**  • 222
부정적 출력으로 회피반응을 유도한다

068 • **나쁜 습관 끊기② 도박**  • 224
'공포' 질문이 효과적이다

069 • **나쁜 습관 끊기③ 폭음·폭식**  • 226
이미지로 뇌에 제동을 건다

070 • **나쁜 습관 끊기④ 게임**  • 228
시간 낭비라고 바꾸어 말해 본다

071 • **좋은 습관을 들여 최고의 인생을 보내자**  • 230
습관의 힘으로 운명까지 바꾼다

**맺으며**  • 232

# 1장

## 습관이 전부다

# 001

## 모든 것은 습관으로 결정된다
지금의 나는 과거의 습관이 만들어 낸 결과물이다

우리는 살면서 뜻대로 되지 않는 일을 많이 겪는다. 일이나 인간관계에서 벽에 부딪히기도 하고 공부나 다이어트를 꾸준히 하지 못해 좌절하기도 한다. 그럴 때 이런 생각을 하며 후회하거나 낙담하지는 않는가?

'내 인생이 이렇게 될 줄은 정말 몰랐어.'

'상사와 사이가 껄끄러운 건 전적으로 그 사람 때문이야.'

'아무리 머리를 쥐어짜도 새로운 아이디어가 떠오르지 않아.'

이처럼 일이 잘 풀리지 않는 원인을 무심코 사회나 남 탓으로 돌리고 싶을 때도 있다. 일이 잘 풀리지 않을 때 부정적 감정이 솟는 것은 당연하다. 자기 탓이 아니라고, 나는 열심히 했다고 부정하고 싶은 기분도 충분히 이해한다.

하지만 절대 변하지 않는 사실이 한 가지 있다. '지금의 나를 만든 것은 다름 아닌 나 자신'이라는 사실이다. 더 정확하게 말하면 과거의 말이나 행동, 생각이 하나하나 쌓이고 쌓여 지금의 나를 만들어 냈다. 이것은 부정할 수 없는 사실이다.

절대 그렇지 않다고, 타고난 능력이나 성격이 인생을 좌지우지한다고 생각하는 사람도 있을 것이다. 하지만 다시 생각해 보자.

갓 태어난 아이 중에 공부 잘하는 아이와 못하는 아이가 구분되는가? 성격 좋은 아이와 나쁜 아이를 가려낼 수 있는가? 인간은 누구나 똑같이 순진무구한 상태로 세상에 태어난다. 재능이나 성격에 우열 따윈 없다. 단순히, '공부하는 습관'이 있는 아이와 그렇지 않은 아이가 있을 뿐이다.

나이가 들고 사회인이 되어 보면 같은 회사 내에서도 실적이 좋은 영업사원과 그렇지 못한 사원이 가려진다. 같은 상품을 다루고 같은 연수를 받고 같은 명함과 팸플릿을 갖고 다니는데, 사람에 따라 영업 실적은 하늘과 땅 차이다. 하지만 이것 역시 영업 감각이나 성격 차이만으로는 설명이 안 된다.

잘나가는 영업사원을 자세히 관찰해 보면 상품 설명을 하는 동안에도 고객을 향한 미소를 잃지 않는다. 고객에게 좋은 상품을 판매하는 것이 고객을 위하는 길이라고 진심으로 믿기 때문에 상품 소개 시간이 더없이 즐겁다. 설령 거절당해도 이렇게 좋은 상품을 살 기회를 놓치면 아깝다고 생각해 "마음이 바뀌면 언제든 연락 주세요!"라고 끝까지 미소를 잃지 않고 응대한다.

한편, 실적이 변변치 않은 영업사원은 미소를 짓고 있어도 왠지 어색하기 짝이 없다. 상품 설명을 해봤자 어차피 거절당할 게 뻔하다는 생각에 고객과 대화할 때도 의욕이 없고 반쯤 포기한 듯한 분위기를 풍긴다. 실제로 한 번이라도 거절당하면 점점 표정이 굳는다.

만일 당신이라면 어느 영업사원에게 물건을 사겠는가? 답은 명확하다. 이 두 사람의 차이는 단 하나, 물건을 팔든 팔지 못하든 매일 '미소로 영업에 임하는 습관'이 있느냐, 없느냐이다. 절대 재능의 차이는 그리 크지 않다.

이처럼 과거의 습관이 지속적으로 축적되어 지금의 내가 되었다. 능력의 차이는 없다. 다만 습관의 차이가 있을 뿐이다. 먼저 이 사실을 확실히 인식한 후에 시작하자.

수업포인트

**DAY 001**

잘하고 못하고는 능력의 문제가 아니다. 습관의 축적으로 나타난 차이일 뿐이다

# 002

## 당신은 습관에 조종당하고 있다
### 뇌에 각인된 기억들이 무의식중에 행동으로 나타난다

태어날 때는 모두가 평등하고 백지상태다. 그런데 왜 나이를 먹으면서 차이가 생길까? 그 이유는 각인에 있다. 말문이 열리면서 주위로부터 "넌 안 돼", "넌 못해"라는 말을 계속 듣고 자란 아이는 스스로 '난 안 돼', '난 못해'라고 생각한다. 반복해서 귀에 들려온 말은 뇌에 각인되기 때문이다. 그러니 공부나 운동을 할 때도 금방 포기하고 숙제나 연습을 습관처럼 미룬다.

반대로 어릴 때부터 "넌 좋은 아이야", "넌 할 수 있어" 같은 말을 계속 들어온 아이는 자신을 좋은 아이, 뭐든 할 수 있는 아이로 생각한다. 공부나 운동도 한두 번 실패했다고 곧바로 포기하지 않고 계속 도전하며 과제도 스스로 해내는 습관이 붙는다. 그 경험이 스스로 알아서 공부하는 아이, 운동하는 아이로 만든다.

타인에게 들은 말만 각인되는 것은 아니다. "난 안 돼", "어차피 잘 안 될 거야" 이런 말을 입버릇처럼 하는 사람이 있는데, 스스로 한 말도 귀를 통해 들어와 뇌에 깊숙이 각인된다. 각인이 습관을 만들고, 습관이 당신이라는 사람을 만든다. 이처럼 당신은 자기도 모르게 습관에 조종당하고 있다.

정말 귀에 들려오는 말만으로 사고나 행동이 그렇게 영향을 받을까? 얄궂게도 우리 뇌는 귀로 들어오는 정보를 전부 진짜라고 곧이곧대로 믿는다. 우리 뇌는 진실과 거짓, 농담과 진담을 잘 구별하지 못한다. "난 형편없는 인간이야"라고 말하면 뇌는 그 말을 곧이곧대로 믿는다. 그리고 형편없는 행동을 한다.

당신이 형편없는 인간이라는 근거를 찾을 수 없다고 해도 뇌는 아랑곳하지 않는다. 들은 것을 진실로 받아들일 뿐이다. 더욱이 일정 기간에 걸쳐 오감을 통해 반복적으로 받아들인 정보는 우리의 잠재의식에 도달하여 뇌의 깊숙한 곳에 뿌리를 내린다. 우리는 이 잠재의식에 뿌리내린 정보를 바탕으로 무의식중에 반응하기 시작한다.

초등학생 때 수차례 반복하며 구구단을 외웠던 경험이 있을 것이다. 그렇게 외우다가 어느 순간부터는 일부러 생각하지 않아도 '이이는 사', '육오는 삼십' 같은 계산이 머리에 떠오르거나 입 밖으로 나오기 시작한다. 반복해서 귀에 들어온 정보가 잠재의식에 뿌리내려 무의식중에 반응하게 되었기 때문이다.

혹은 텔레비전이나 라디오에서 반복하여 흘러나오는 광고 음악이나 문구를 무의식중에 외워 어느 순간 흥얼거렸던 적은 없는가? 이것 역시 무의식의 반응이다. 이처럼 잠재의식에 뿌리내린 정보는 행동, 말, 표정으로 나타난다.

'오늘은 꼭 이를 닦아야지'라고 일일이 의식하는 사람은 없다. 굳이 의식하지 않아도 자연스럽게 이를 닦는다. 어릴 적부터 들어온 '음식을 먹은 후에는 이를 닦아야 한다'는 정보가 잠재의식에 각인되어 무의식중에 행동으로 나타나기 때문이다. 일부러 의식하지 않아도 저절로 하거나 흥얼거리게 되는 것, 이것이 바로 습관이다.

마음에서 우러나온 미소를 짓는 영업사원은 그렇게 의식하고 미소를 짓는 게 아니다. 좋은 상품을 고객에게 판매할 수 있어 정말 기쁘다고 스스로 뇌에 각인시켰기 때문에 무의식중에 미소를 짓는 습관이 몸 전체에 밴 것이다. 고객은 그런 영업사원에게 호감을 느끼고 괜찮은 사람이라고 생각한다.

타고난 자질이나 성격으로 보이는 것도 실은 전부 뇌에 각인된 결과가 겉으로 드러나는 것이며, 잠재의식으로 생긴 습관이다.

그렇기 때문에 습관은 단순히 동작이나 행동이 아닌 당신이라는 사람 그 자체다.

따라서 좋은 습관을 만든다는 것은 좋은 사람이 된다는 뜻이다. 습관으로 인해 당신의 삶이 송두리째 변하고, 이제까지와는 전혀 다른 인생이 시작된다.

수업포인트

DAY
**002**

반복해서 들어온 말은 잠재의식에 각인되어 습관을 형성한다

# 003

## 습관을 바꾸면 인생이 바뀐다
만년 꼴찌 영업사원이 습관 하나로 일등이 되다

각인에 의한 습관이 지금의 자신을 만들었다는 말을 듣고 이렇게 생각하는 사람도 있을 것이다.

'지금 내가 이 모양인 건 가정교육 탓이야.'

'상사가 나만 미워하니까 일을 제대로 할 수가 없잖아.'

여기서 잠깐. 당신은 중요한 사실을 잊고 있다. 타인이 아닌 자신에 의해서도 각인은 이루어진다. 만일 자신을 바꾸고 싶다면 당장이라도 새로운 각인을 시작하면 된다. 나이가 많든 적든 어떤 환경에 있든 스스로 하려고만 하면 즉시 시작할 수 있다.

아무리 작은 일이라도 상관없다. 먼저 한 가지를 정해 그것을 항상 의식하며 반복 또 반복하여 스스로 각인시켜 보자. 그렇게 하면 지금까지와는 다른 습관이 몸에 밴다.

과거의 습관이 쌓이고 쌓여 지금의 나를 만들었다. 이것은 변하지 않는 사실이다. 그렇다면 지금부터 좋은 습관을 익혀 미래의 나를 만들면 된다. 습관을 바꾸면 인생을 바꿀 수 있다.

내가 준비한 습관 형성 세미나에 참가한 수강생 중에는 습관 하나를 바꿔 인생에 새로운 전환점을 맞이한 사람이 수없이 많다.

한 영업직 남성은 실적을 올리지 못해 시름에 빠져 있었다. 완전 수당제 회사였기에 수입이 거의 없는 달이 계속되었고, 이러다가는 가족이 거리로 나앉을 수도 있겠다는 절박한 상황까지 내몰렸다. 그는 어떻게든 이 상황을 벗어나고자 '매일 열 곳에 영업 전화'를 거는 습관을 들이기로 결심했다.

무슨 일이 있더라도 결심한 대로 계속 전화를 건 결과, 놀랍게도 일 년 후에는 영업점 최고 매출을 달성하기에 이르렀다. 또 다른 영업사원은 만나는 사람들에게 마음을 담은 메일을 보내기로 했다. 날마다 빠짐 없이 메일을 보낸 결과 재구매 고객율과 고객 소개율이 가장 높은 사원이 되었다. 자타 공인 만년 꼴찌였던 영업사원이 작은 습관 하나를 꾸준히 실천한 결과 최고의 영업사원으로 다시 태어났다. 이것이 습관이 가진 위대한 힘이다.

전화를 거는 것도 메일을 보내는

것도 아주 작은 일이다. 하루 이틀 해서는 눈에 띄는 결과를 기대하기 어렵다. 그래도 일 년 또 일 년을 계속하면 나도 뭔가를 할 수 있다는 자신감이 붙어 "난 안 돼"를 입버릇처럼 달고 다녔던 사람도 "나도 할 수 있어!"로 삶을 대하는 근본 태도가 달라진다.

무언가를 습관으로 만들었다는 작은 성취감이 즉시 자신에게 힘이 되어 준다. 무엇을 계속했는지는 중요하지 않다. 꾸준히 했다는 자체에 엄청난 가치가 있다.

우리가 과거를 바꿀 수는 없지만, 미래는 만들어 갈 수 있다. 그 미래를 만드는 수단이 습관 형성이다. 아무리 작은 일이라도 좋으니 뭔가를 계속하는 것이 인생에 변화를 가져오는 중요한 첫걸음이다.

**수업포인트**

**DAY 003** ◆ 아무리 작은 일이라도 꾸준히 하면 미래는 바뀐다

# 004

## 습관화하기 쉬운 심플한 스킬
### 평생 든든한 당신의 편이 된다

무언가를 계속하는 습관이 일단 몸에 배면 우리 인생에 큰 무기가 된다. 목표를 달성하기 위해 무엇을 할지 스스로 정한 후 묵묵히 계속해 나가기만 하면 된다.

　습관 형성 방법은 생각 이상으로 심플하다. 습관이란, 달리 말하면 자신과의 약속을 지키는 것이다. 앞서 소개한 영업사원이 매일 열 곳에 영업 전화를 걸었던 것은 딱히 누군가와 약속했기 때문이 아니다. 자신과의 약속을 지키기 위함이었다. 그는 약속을 지켰고, 인생이 크게 바뀌었다.

　여기서 중요한 것은 약속 내용을 스스로 정하는 것이다. 의외라고 생각할 수도 있지만, 사람들은 대부분 어떤 일이든 스스로 정하지 않는다. 머리로는 '더 열심히 하자', '더 노력하자'라고 생각해도 구체적으로 무엇을 어떻게 할지는 대부분 생각하지 않는다. 결국, 매일의 행동에는 아무 변화가 없고 당연히 습관도 배지 않는다.

사람들은 흔히 무엇이든 꾸준히 하는 것을 어렵다고 생각한다. 하지만 그것은 잘못된 생각이다. 그 기준을 스스로 정하는 중요한 단계를 건너뛰었기 때문에 습관이 형성되지 않았을 뿐이다.

반대로 생각하면, 스스로 정하기만 하면 어떤 습관이든 만들어 낼 수 있다. 지금까지 습관을 들이지 못해 힘들어하던 사람에게는 더없이 기쁜 소식이 아닐까? 스스로 정하니까 누구의 지시도 받지 않는 셈이다. 자기 의지로 무언가를 하겠다고 정한 후에는 자유롭게 인생을 펼쳐 갈 수 있다.

생각만으로도 즐겁지 않은가. 습관을 형성하는 법만 터득하면, 살아가면서 어떤 상황에서든 그 스킬을 응용할 수 있다. 습관은 당신과 평생을 함께할 든든한 친구다.

**수업포인트**

**DAY 004**

습관을 형성하는 방법만 터득하면, 살아가면서 어떤 상황에서든 응용할 수 있다

# 005

## 습관이라는 무기

조금만 생각을 바꿔도 기회는 무궁무진

사람들은 대부분 습관만으로는 인생이 쉽게 바뀔 리 없다고 생각하는데 이는 매우 안타까운 일이다. 습관은 미래를 만들기 위한 최고 수단이다. 꿈꾸는 미래를 손에 넣을 필살기가 있는데, 그 방법을 제대로 활용하지 않는 것은 당신에게 큰 손해다.

'그래봤자 습관으로 바꿀 수 있는 건 많지 않아. 열심히 일하고 싶어도 시장이 얼어붙고 상사와의 관계가 삐걱댄다면 어쩔 수 없잖아.' 이런 반론도 펼치고 싶을 것이다. 하지만 정말 그럴까? 분명 경기가 좋지 않을 때가 있다. 다만 이 불경기를 어떻게 파악하는지는 사람마다 다르다.

어떤 사람은 불경기라서 되는 일이 없다고 생각한다. 한편, 불경기를 기회 삼아 새로운 사업이나 서비스를 구상하여 신규 고객을 끌어 모으는 사람도 많다. 불경기라서 힘들다는 것조차도 스스로 그렇게 생각하는 것에 지나지 않는다.

마찬가지로 처음부터 싫은 상사는 이 세상에 없다. 상사를 싫어하는 자신이 있을 뿐이다. 한 가지 사실을 두고도 해석하는 방법은 다양하다. 같은 사실에 대해서도 당신은 평소 '생각 습관'에 따라 얼마든지 다른 접근을 할 수 있다.

'이럴 때는 이렇게 생각한다'라는 사고습관이 쌓여 자신을 만들어 낸다. 따라서 사고하는 방법만 바꾸면 '불경기가 오히려 기회다', '저 상사에게도 좋은 면이 있다'라고 생각할 수 있다. 습관을 자기편으로 만들면 다른 사람이나 환경에 휘둘리지 않고 제 인생을 걸어갈 수 있다.

습관이야말로 자격이나 교양을 훨씬 능가하는 강력한 무기임을 잊지 말자.

수업포인트

DAY
005

습관이 바뀌면 매사를 파악하는 관점도 달라진다. 그리고 관점이 바뀌면 인생도 바뀐다

# 006

## 일, 인간관계, 돈, 건강 …
## 모든 것이 습관의 힘으로 술술 풀린다
누구나 할 수 있는 손쉬운 방법으로 가능하다

습관의 힘은 모든 상황에 적용할 수 있다. 아직도 반신반의하는 독자도 있을 것이다.

나의 세미나에는 인간관계, 돈, 건강 등 다양한 고민과 문제를 안고 있는 사람들이 어떻게든 인생을 바꿔 보려고 지푸라기라도 잡는 심정으로 찾아온다. 또한, 스포츠나 공부를 곧잘 하는 아이들, 최고를 목표로 하는 다양한 기량의 운동선수도 지도해 왔다. 하지만 상대가 누구든 나는 단 한 가지를 집중해서 가르친다. 바로 습관을 만드는 방법, 즉 습관 형성법이다.

습관의 힘을 확신하는 이유는 나이나 직업을 막론하고 많은 사람이 습관을 형성하여 자신을 바꾸는 모습을 목격해 왔기 때문이다. 그 사례를 몇 가지 소개한다.

종이 한 장의 습관으로 평범한 회사원에서 글로벌 경영자가 되다
:

A씨는 한 기업에서 일하는 회사원이었다. 나를 찾아왔을 당시 그는 과중한 업무로 심신이 지칠 대로 지쳐 미래에 대한 꿈도 희망도 품지 못하고 있었다. 그런 A씨는 "아무리 작은 일이라도 좋으니 뭔가 한 가지를 계속해 보라"는 나의 말을 신뢰하고 이렇게 하기로 했다.

'매일 해야 할 일을 종이 한 장에 써서 그 일을 다 할 때까지 잠들지 않겠다.'

그리고 그는 이 습관을 한결같이 이어 갔다. 10년 후인 지금 그는 어떻게 되었을까? 놀랍게도 자기 회사를 설립하여 자신이 기획한 사업을 15개국에 펼치는 글로벌 경영자가 되었다. A씨는 그저 '종이에 쓰는' 습관을 매일 빠트리지 않고 실천했을 뿐이었다.

매일 해야 할 일을 종이에 쓰면서 정말 하고 싶은 게 무엇인지 명확해졌다. 그것을 이루려면 어떻게 해야 하는지 아이디어도 속속 떠올랐다. 그런 것들을 매일 종이에 써서 그날그날 반드시 처리하는 습관을 10년간 이어온 결과, 그는 해외에서 사업을 펼치고 싶다던 꿈을 실현했다. 단 한 장의 종이로 시작된 습관이 한 사람의 인생을 이렇게 바꾸어 놓았다.

사례2

## 말 습관으로 10kg 이상 감량에 성공하다

:

여성인 B씨는 자존감이 낮고 항상 표정이 어두웠다. 당시 그
녀는 자신의 통통한 체형을 콤플렉스로 여겼고 그것이 열등감
의 원인이었다. 그런 그녀는 세미나에서 "귀에 들려오는 말은
뇌에 각인된다"는 이야기를 듣고 이렇게 해보기로 했다.

'음식을 먹을 때마다 이걸 먹으면 날씬해질 거야라고 말하면
서 먹어야지!'

다른 사람의 눈에는 이상해 보였을 것이다. 하지만 B씨는 "뇌
는 귀로 들어오는 정보를 곧이곧대로 믿는다"라는 나의 이야
기를 듣고 미련하리만치 그 습관을 이어 갔다.

그 결과, 그녀는 10kg 이상 체중을 줄이는 데 성공했고, 다이어
트에 성공한 사람들이 나가는 뷰티 콘테스트에 참가할 정도
로 자존감을 완전히 회복했다. 지금은 하고 싶은 일을 찾아 이
직도 했고, 몰라볼 만큼 긍정적으로 밝고 활기차게 하루하루
를 살아가고 있다. 그녀는 그저 식사 때마다 자신이 정해 놓은
말을 했을 뿐이었다. 괴로운 식사 제한을 한 것도, 힘든 운동을
한 것도 아니다. 아무리 작은 일이라도 계속하면 꿈꾸던 자신
이 될 수 있다. 그녀는 이 사실을 멋지게 증명해 보였다.

사례3

## 아침 습관으로 마흔에 프로 복서로 컴백하다

⋮

C씨는 25세까지 프로 복서로 활약했다. 그 후 선수 생활을 마감했지만, 챔피언이 되겠다던 아버지와의 약속을 지키지 못한 게 늘 마음에 남아 38세에 현역 복귀를 결심했다. 그런데 막상 훈련을 시작하고 보니 생각만큼 몸이 따라주지 않았다. 한창 때와는 달리 쉽게 지치다 보니 훈련도 점차 게을리했다. 그는 어떻게든 이 상황을 극복하고자, 작은 것부터 계속해 나가겠다며 스스로 이렇게 정했다.

'매일 아침에 일어나면 트레이닝복을 입고 집을 나서자.'

'달리지 않아도 좋으니 매일 아침 일단 집을 나서는 습관을 들이자.'

졸음이 채 가시지 않아도, 몸이 무거워도 눈이 떠지면 어떻게든 밖으로 나갔다. 일단 밖에 나오면 '이왕 나온 거 조금 뛰어볼까?' 싶은 기분이 들었다. 그러다가 C씨는 어느 순간 매일 아침 러닝을 즐기고 있음을 알았다. C씨는 결국 40세 때 플라이급 실버 타이틀 매치에서 KO승을 거두며 당당하게 아버지와의 약속을 지켰다. 습관은 나이와 공백마저 메우는 힘을 갖고 있다. C씨의 사례가 그것을 가르쳐 준다.

사례4

"고마워"라는 말 습관으로 가족관계가 극적으로 개선되다

⋮

D씨는 가족과의 관계로 고민하고 있었다. 특히 한 살 연상의 아내와는 아들 교육 문제로 여러 번 크게 다투었다. 하지만 부모가 싸우는 모습에 겁을 먹고 불안해하는 어린 아들을 보고는 정신이 번쩍 들었다. 그래서 D씨는 이렇게 결심했다.

'아내에게 매일 고맙다고 말하자!'

이후로 그는 하루도 빠트리지 않고 아내에게 고맙다는 말을 계속 전했다.

"아이를 돌봐줘서 고마워."

"맛있는 식사를 준비해 줘서 고마워."

지금까지 입버릇처럼 했던 '그런 말 좀 집어치워', '말 안 해도 안다고' 같은 말을 속으로 꾹꾹 삼키며 고맙다는 말로 바꾸어 갔다. 이윽고 아내의 얼굴도 환해지고 아들도 안정을 되찾았다. 지금은 가족 간에 대화도 늘어 집안 분위기가 밝아졌다며 기뻐하고 있다. 이처럼 습관은 사람과 사람의 관계까지 크게 바꾸는 힘이 있다.

이는 내가 경험한 사례 중 극히 일부다. 지금까지 수백 명이나 되는 사람이 이들처럼 습관의 힘으로 인생 항로가 크게 달라졌다. 이

외에도 돈을 낭비하여 늘 경제적 불안을 안고 있던 사람이 저축하는 즐거움을 알게 되었거나, 백전백패였던 중학교 축구팀이 강한 상대를 만나 이기거나, 공부를 싫어했던 아이가 스스로 책을 찾아 읽는 등 남녀노소를 막론하고 습관으로 큰 변화를 일으킨 사람은 부지기수다.

습관을 정착시키는 힘이 있다면 어떤 난관이나 문제에도 대처할 수 있다. 내가 이렇게 단언하는 이유는 습관으로 행복한 인생을 거머쥔 사람들이 존재했기 때문이다.

수업포인트

DAY
006 ◆ 좋은 습관은 상상 이상으로 인생을 극적으로 변화시킨다

# 007

## 습관을 정착시키는 데 나이는 필요 없다
오늘 시작하면 내일부터 인생이 바뀌기 시작한다

습관을 들이는 데 너무 늦은 시기란 없다. 누구든 언제든 시작할 수 있다. 이것이 습관의 좋은 점이다. 습관은 당신이 꿈꾸는 인생을 실현하기 위한 수단이다. '이렇게 되고 싶어'라는 꿈을 그리는 데 나이 제한은 없다.

물론 물리적으로 불가능한 것은 있다. 이를테면, 아무리 하늘을 날고 싶어도 슈퍼맨처럼 몸 하나로 공중을 나는 것은 불가능하다. 하지만 경비행기 조종면허를 따서 하늘을 날고 싶다는 꿈을 꾼다면 어떨까? 나는 지금 60세다. 앞으로 10년 안에 경비행기 조종면허를 따고 돈을 모은 후 경비행기를 사서 사설 공항에서 창공을 날 수 있을지도 모른다. 10년 후 나는 70세다. 물론 쉽지만은 않겠지만, 물리적으로는 전혀 불가능한 이야기가 아니다. 이 꿈을 이룰 가능성은 충분하다.

오늘은 앞으로 남은 내 인생에서 가장 젊은 날이다. 그리고 오늘은 누구에게나 평등하게 찾아온다. 오늘 무엇이라도 한 가지 습관을 시작하면 내일부터는 인생이 확연히 달라진다. 모든 사람에게는 매일 새로운 시작을 할 기회가 주어져 있다.

수업포인트

DAY
007

하루하루가 새로운 습관을 시작할 기회이자 인생이 바뀌기 시작하는 기점이다

# 008

# 의지도 의욕도 재능도 필요 없다
### 인생을 바꾸는 데 필요한 좋은 착각

"능력이 있다, 없다", "의지가 강하다, 약하다"의 기준은 무엇일까? 능력이나 의지를 논할 때 흔히 말하는 '평균'은 없다. 전 세계를 둘러봐도 공통의 척도가 없는데 대체 누가 그 기준을 정했을까?

답은 자기 자신이다. 측정하는 기준도 없는데 멋대로 '나는 능력이 없다', '나는 의지가 약하다'라고 정해 놓았을 뿐이다. 하지만 이 모든 것은 착각에 불과하다. 더구나 이 착각도 습관에서 나온다.

시험 점수가 50점일 때 50점밖에 받지 못해서 공부를 못했다고 생각하는가, 아니면 50점이나 받아 공부를 잘했다고 생각하는가? 어떤 사고습관을 갖느냐에 따라 능력에 대한 착각이 생겨난다. 그렇다면 과감하게 자신의 상황에 맞게 '좋은 착각'을 해보자. 처음에는 거짓이라도 좋으니 '난 천재야. 난 의지가 강해'라고 생각해보자.

뇌는 순진해서 잘 속아주므로 잠재의식에 각인되는 동안 정말 똑똑한 사람이나 의지가 강한 사람처럼 행동하기 때문이다. 인생을 바꾸는 데 필요한 것은 재능도 의욕도 아닌 바로 이러한 '좋은 착각'이다. 어떤가, 당신도 할 수 있다는 생각이 들지 않는가?

수업포인트

DAY
**008** ◆ 과감하게 자신의 상황에 맞게 '착각'해 본다

# 009

# 나 역시 꾸준함과는 거리가 먼 인생이었다
## 나락으로 떨어졌던 32세의 나를 바꾼 만남

지금에야 습관의 중요성을 강조하며 잘난 척하고 있지만, 나는 원래 뭘 하든 꾸준하지 못한 사람이었다. 하지만 나쁜 습관만은 꾸준했다. 도박을 하거나, 벌어 놓은 돈을 탕진하거나, 마음에 들지 않으면 주위에 마구 화풀이를 하는 등 나쁜 습관만 몸에 배어 있었다.

당연히 인생이 순탄할 리 없었다.

20대에 야심차게 창업을 했건만, 하는 족족 실패로 끝나며 어이없이 도산하고 말았다. 빚만 가득 안은 채 거의 자포자기 상태로 주위 사람들만 들볶았다. 어차피 뭘 해도 안 된다는 생각이 굳어지면서 인생은 점점 꼬여만 갔다.

그런 나를 바꾼 것은 32세에 참가한 한 세미나였다. 나를 걱정했던 지인이 인생을 바꿀 수 있는 계기가 될지도 모른다며 추천해 준

그 워크숍에서 나는 처음 습관의 힘을 내 눈으로 확인했다.

당시 워크숍에는 나보다 훨씬 나이가 많은 60세 남성이 있었다. 그에게는 매일 엽서를 쓰는 습관이 있다고 했다. 그는 얼마 전에 재혼했는데, 상대도 재혼으로 10대 딸이 있었다. 딸은 사별한 친아버지를 무척 따랐던 터라 새아버지인 그를 전혀 따르려고 하지 않았다. 딸이 기숙사 생활을 하는 고등학교에 입학하여 집을 나가게 되었는데, 그 학교는 당시 거친 학생들이 많아 퇴학당하는 일이 비일비재했다고 한다.

딸이 걱정된 그는 아버지로서 할 수 있는 게 무엇일까 고민하다가 매일 딸에게 엽서를 쓰기로 했다. 그 후 하루도 거르지 않고 딸에게 매일 엽서를 썼다. 내용은 그날그날 달랐지만, 마지막 한 마디는 항상 같았다.

"널 믿어!"

이 말에 애정을 듬뿍 담아 그는 엽서를 계속 썼다.

딸은 그를 아버지로 인정하지 않았기 때문에 답장은 오지 않았다. 그래도 그는 졸업까지 3년간 하루도 빠트리지 않고 엽서를 보냈다. 그리고 맞게 된 졸업식 날, 딸은 처음으로 그를 "아버지"라고 부르며 "고맙다"고 말해주었다. 그 후로 두 사람은 진짜 부녀 같은 사이가 되었다고 한다.

나는 그의 이야기를 듣고 감명을 받았다. '매일 같은 것을 하기로 하고 계속하는 데에는 어쩌면 굉장한 힘이 있을지도 몰라.' 이것이 내가 처음으로 습관의 힘에 눈을 뜬 순간이었다. 이 체험을 계기로 나도 뭔가를 계속해 보고 싶다는 생각이 들었다. 그러자 예전에 서점에서 봤던 한 문장이 떠올랐다. 어떤 책의 광고 문구였던 것 같은데, 순간 내 눈을 멈추게 했던 말이다.

"낳아 줘서 고마워요."

이 말은 나에게 강렬한 인상으로 다가왔다. 나는 부모님께 걱정만 끼치고 한 번도 "고맙다"는 말을 한 적이 없었기 때문이다.

어머니는 유산과 사산을 네 번이나 겪으며 고생한 끝에 다섯 번째 임신으로 나를 낳으셨다. 어머니는 목숨을 걸고 나를 낳으셨는데, 나는 감사는커녕 "어머니가 나를 낳아서 내가 이 모양으로 살잖아요" 하며 어머니 가슴에 대못을 박았다. 나는 정말 한심한 인간이었다. 그랬던 내가 어머니를 생각하며 종이에 이런 말을 써보았다.

"어머니, 목숨을 걸고 저를 낳아 주셔서 고마워요. 저 때문에 조금이라도 행복했다고 느낄 수 있도록 열심히 살 테니 오래오래 제 곁에 머물러 주세요."

그리고 이 말을 매년 새해 첫날 어머니 앞에서 읽기로 했다. 처음 이 말을 전했을 때 어머니 표정이 지금도 잊히지 않는다. 안타깝게도 이 말을 어머니께 직접 읽어드린 건 단 두 번뿐이었다. 그 후론 어머니 영정 앞에서 이 말을 읽는 것이 습관이 되었다.

신기하게도 어머니에게 고맙다는 말을 계속하던 중에 자연스럽게 다른 사람에게도 고마움을 표현하는 것이 습관이 되었다. 더불어 지금껏 당연하다고 생각했던 것들이 실은 당연한 게 아니라 얼마나 고마운 일인지도 깨달았다.

'지하철이 제시간에 와서 회사에 늦지 않아 고맙다.'

'깨끗한 회사 복도를 보니 청소해 주신 분에게 고맙다.'

이런 식으로 매일 작은 일에 감사하는 마음이 싹텄다. 어느새 주위 사람들과의 관계도 좋아지고 일도 차츰 풀리기 시작했다. 그러자 어머니가 생전에 자주 말씀하셨던 "사람들에게 도움이 되어라"는 말이 떠올랐고, 그 말을 실천하고자 어른부터 아이까지 누구나 꿈을 이뤄 자기다운 인생을 살아가는 데 도움이 되는 일을 하고 싶어졌다. 내가 지금 많은 사람에게 습관 형성 방법을 전하게 되기까지는 이런 경험이 있었다.

그 외에도 내가 마음먹고 꾸준히 이어 가는 습관이 몇 가지 있다.

→ 벗은 신발은 가지런히 정리한다

→ 상대의 눈을 보고 인사한다

→ 날마다 메일 매거진*을 쓴다

---

\* 메일 매거진Mail Magazine: 전자우편을 통해 받아보는 잡지. 주로 회원제로 운영되며 구독신청 및 해지가 자유롭다 — 편집자

작은 일이지만 모두 지금의 나를 만들어 낸 중요한 습관이다. 나의 인생을 바꾼 계기가 된 그분처럼 한 사람에게 100일간 엽서를 쓰는 습관도 이어 가고 있다. 신세 진 분이나 고마운 분에게 마음을 담은 엽서 한 장을 보낸다.

매년 새해 첫날 아이들에게 고마움의 인사를 전하는 것도 나의 습관이다. 예전에 어머니에게 했던 것과 똑같이 아이들에게 고마운 마음을 종이에 써서 직접 읽어 준다.

"태어나 줘서 고마워. 너희가 중학생 때 '아버지를 존경한다'고 했던 말은 내게 큰 힘이 되었단다. 평생 그런 말을 듣기에 부끄럽지 않게 열심히 살 테니 너희도 알차게 살아가기 바란다."

아이들에게 이렇게 말했는데, 아버지인 내가 사소한 일로 좌절하거나 게으름을 피울 수는 없다. 매년 아이들에게 메시지를 읽어줄 때마다 아이들이 '아버지의 아들로 태어나 행복했다'고 생각하도록 살아가자는 마음이 강해진다.


이렇게 습관은 살아가는 데 너무도 큰 힘이 되어 주었다. 되는 일 하나 없이 일도 인간관계도 나락까지 떨어졌던 나조차 작은 습관 하나로 인생이 바뀌었다. 이런 내가 할 수 있었으니 당연히 당신도 할 수 있다.

이 책에서는 어른부터 아이까지 나이나 성별, 직업을 불문하고 모든 사람을 변화시킨 매우 실천적인 방법을 소개하고 있다. 어떻게 하면 습관을 형성할 수 있을지 매우 구체적이고 간단하게 설명했다.
일단 한 가지라도 좋으니 마음에 드는 것이나 할 수 있다고 생각되
는 것부터 시작해 보자.

수업포인트

DAY
**009** ✦ 단 하나의 작은 습관으로 인생은 놀랄 만큼 바뀐다

# 010

# 습관의 힘으로 이상적인 내가 될 수 있다
인생을 바꾸려고 한 시점에 이미 인생은 바뀌기 시작한다

여기까지 읽고도 아직 '정말 나도 달라질 수 있을까?' 하는 불안한 마음이 가시지 않는 사람도 있을 것이다. 하지만 괜찮다. 당신은 반드시 바뀔 수 있다. 내가 보장한다. 당신은 이미 이 책을 손에 들고 읽기 시작했기 때문이다. 인생을 바꾸려고 생각한 그 시점부터 이미 인생은 바뀌기 시작한다. 나는 그렇게 단언한다.

'지금의 나를 바꾸고 싶다'라는 생각 뒤에는 아마 자신이 바라고 꿈꾸는 모습이 있을 것이다. '이상적인 자기 모습'을 그릴 수 있는 사람에게는 자신을 바꿀 힘도 있다. 습관이라는 스킬을 사용하여 꿈을 향해 앞으로 나아가기만 하면 된다. 흔히 인생은 꿈꾸는 대로 되지 않는다고 말하지만 그것은 큰 오해다. 더 정확하게 말하면 사람은

자기가 꿈꾸는 것 이상을 넘어설 수 없다.

야구선수가 되겠다는 꿈을 한 번도 갖지 않은 사람은 프로야구 선수가 될 수 없다. 그러려고 한 건 아닌데 어쩌다 보니 메이저리거가 되었다는 사람은 절대 있을 수 없다. 사람은 자신이 꿈꾸는 모습대로 되는 것이다. 지금 이 책을 읽으며 자신을 바꾸고 싶어 하는 당신은 분명 꿈꾸는 모습에 가까이 다가갈 힘이 있다. 그 힘을 꼭 믿어 보기 바란다. 하루에 딱 5분만 투자하여 꿈을 이루기 위한 첫걸음을 이 책과 함께 내딛어 보자.

수업포인트

DAY
010 ◇ 사람은 자기가 꿈꾸는 것 이상을 넘어서지 못한다

2장

# 당신이
# 계속하지 못한 이유

# 011

## 습관이란 무엇인가
습관은 본성이다

습관이란, 일반적으로 무언가를 계속해 가는 것이다. 하지만 엄밀히 말해 '반드시 해야만 한다'고 의식하는 동안에는 그것을 습관이라고 말할 수 없다. 1장에서 설명한 대로 습관이란 잠재의식에 각인된 것이 무의식중에 일으키는 반응이기 때문이다. 즉, 스스로 의식하지 않아도 무심결에 하게 되는 것을 습관이라고 부른다.

'오늘은 꼭 이를 닦아야 해.'

이렇게 의식하지 않아도 어느 샌가 칫솔에 치약을 묻히고 있는 상태가 습관이다. 밥 먹은 후에 이를 닦으라는 엄마의 성화가 있어야 칫솔을 드는 아이들은 아직 양치질하는 습관이 없는 상태다. 물론 처음에는 의식적으로 이 닦는 행동을 반복해야 하지만, 수천 번 반복하는 중에 잠재의식에 각인되면 무의식중에 할 수 있게 된다.

그런 면에서 본다면, 사실 습관은 정말 무섭다. 무의식중에 해버리니까 스스로는 그 행동이나 말을 잘 의식하지 못한다. 그러나 무의식중에 나온 말과 행동이야말로 그 사람의 본성이다.

영업사원이 고객 앞에서 미소를 짓다가도 거절당한 순간 자기도 모르게 실망감이나 화가 얼굴에 고스란히 드러난다면, 그것이 그 사람의 습관이자 본성이다. 겉으로는 아무리 표정이나 말을 꾸미더라도 그 뒤에 '또 하나의 진짜 모습'이 있는 한 그 미소는 어디까지나 가식에 지나지 않는다.

하물며 타인은 본인이 의식하고 하는 말과 행동보다 무의식중에 나타내는 말과 행동을 더 확실히 본다. 영업사원이 아무리 미소를 지어도 거절당한 순간 화난 표정을 짓는다면 상대는 그 사람에게 나쁜 인상을 받는다.

만일 타인에게 좋은 인상을 주고 싶다면, 어떤 상황에서도 무의식중에 미소를 지을 수 있는 습관을 들여야 한다. 매일 의식하지 않아도 양치질을 하듯, 의식하지 않아도 늘 밝은 미소를 지을 수

있다면 미소가 습관이 되었다는 증거다.

그런 습관을 들이기가 너무 어려워 도저히 엄두가 나지 않는다는 사람도 있을 것이다. 하지만 안심해도 좋다. 지금 자신의 본성과 자신이 꿈꾸는 이상적인 모습 사이에 간극이 있다는 사실을 마주했으니, 이미 당신은 자신을 바꾸기 위한 첫걸음을 내디뎠다.

자신의 현재 위치를 알지 못하면 목표 지점까지의 거리나 방향도 알 수 없다. 그러나 지금 자신의 본성을 알면 목표를 향해 알맞은 노력을 할 수 있다. 절대 현재의 자신을 부정할 필요는 없다. 지금의 자신은 과거의 습관으로 만들어졌으므로, 그 구조를 이해하면 자신이 꿈꾸는 미래도 만들어 갈 수 있다.

그렇다면 이 습관, 즉 본성이 어떻게 만들어지는지 그 구조에 대해 자세히 설명하겠다.

수업포인트

DAY 011 ◇ 습관이란 의식하지 않아도 저절로 하게 되는 것

# 012

## 왜 당신은 계속할 수 없을까
뇌는 즐거우면 계속하고 즐겁지 않으면 계속하지 않는다

당신이 지금까지 습관을 들이려다 포기한 것이 있다면 무엇인가? 영어 회화나 다이어트, 저축 등 몇 가지가 떠오를 것이다. 그렇다면 지금껏 쭉 이어 온 습관은 어떤 것인가? 무엇 하나 꾸준히 하지 못하고 전부 하다가 말았다는 사람에게도 몇 가지는 있다.

매일 지하철 안에서 스마트폰 게임을 한다. 식사 후에는 반드시 디저트를 먹는다. 급여가 들어오면 신나게 쇼핑을 한다. 이런 습관을 지속하는 사람은 많지 않을까? 이렇게 계속하는 습관과 그렇지 못하는 습관의 차이는 어디에 있을까? 바로 '뇌가 즐겁다고 느끼느냐, 즐겁지 않다고 느끼느냐?'에 있다.

영어 회화는 즐겁지 않지만, 스마트폰 게임은 즐겁다. 다이어트는 즐겁지 않지만, 디저트를 먹는 것은 즐겁다. 저축은 즐겁지 않지만, 쇼핑은 즐겁다. 이 차이가 계속하느냐 아니면 도중에 포기하느냐의 차이를 만들어 낸다.

생각보다 훨씬 단순해서 놀랐는가? 뇌의 구조에서 보면, 이런 결정은 모두 '호불호'로 정해진다. 우리 뇌는 기억, 감정에 관여하는 부위인 편도핵扁桃核에서 오감을 통해 들어온 정보가 유쾌한 정보인지, 불쾌한 정보인지 과거의 기억을 바탕으로 가려낸다. 그래서 '유쾌함(좋음, 즐거움, 기쁨, 설렘)'이라고 느낀 것에는 스스로 접근해 간다. 이것을 '접근반응'이라고 한다.

한편, '불쾌함(싫음, 지루함, 슬픔, 분노)'이라고 느낀 것은 멀리하려고 한다. 이것을 '회피반응'이라고 한다. 그래서 좋아하는 것은 계속하고 싫어하는 것은 계속하지 않는 것이다. 즉, 뇌는 좋아하는 것만 계속하려고 한다.

사람들은 대부분 '이것을 하는 게 옳으니까 계속해야만 한다'고 생각한다.

'게임을 하지 않고 공부를 하는 것이 옳다.'
'단것을 멀리하고 건강한 식생활을 하는 것이 옳다.'
'낭비를 멈추고 저축하는 것이 옳다.'

그렇게 생각하고 옳은 것을 계속하려고 하지만, 뇌는 옳다는 이유만으로 뭔가를 계속하지는 않는다. '설레는 감정'이 없으면 아무리 옳은 것이라도 뇌가 멋대로 회피반응을 일으킨다.

제대로 습관을 들이지 못하는 원인이 바로 여기에 있다. 습관을 들이기 위해 옳은 것을 억지로 계속하지 않아도 되는 이유다. 오히려 옳은 것을 '즐기려고' 노력해야 한다. '하기도 싫고 설레지도 않는 것을 어떻게 즐기라는 거야?'라고 생각할지도 모르겠다. 그러나 우리 뇌는 무척 단순하다.

당신이 영어 회화를 연습하다가 너무 어려워 몇 번이나 도중에 포기한 적이 있다고 하자. 그런데 어떤 영어 학원에 갔더니 원어민 강사가 당신이 무척 좋아하는 헐리우드 배우와 쏙 빼닮았다면? 아마 당신은 그 강사를 만나는 게 즐거워 게으름을 피우지 않고 영어 학원에 계속 다닐 것이다. 영어 자체를 특별히 좋아하지 않더라도 학원에 다니는 자체가 즐겁다면 결과적으로 영어 공부를 습관으로 만들 수 있다.

이처럼 뇌를 설레게 하는 방법은 의외로 단순하다. 대부분 자신의 뇌가 '유쾌함과 불쾌함'에 따라 반응한다는 사실을 모르기 때문에 '힘든 것은 힘든 대로 근성이나 의지로 극복해야 한다'는 고정관념에 사로잡혀 있을 뿐이다. 자신이 호불호의 감정에 지배당하고 있다는 사실을 이해하면 습관 형성의 실마리도 보인다.

수업포인트

**DAY 012**

고통스러운 일을 계속할 수 없는 것은 당연하다. 일단은 고통을 설렘으로 바꾸어 보자

# 013

## 기억은 곧 습관이 된다
### 과거의 데이터가 우리 감정을 지배한다

편도핵은 어떻게 '유쾌함과 불쾌함'을 판단할까? 그 답은 과거의 기억에서 느끼는 감정이다. 똑같은 일이 눈앞에서 일어나더라도 그 사람이 어떤 기억을 가지고 있느냐에 따라 판단은 달라진다.

　과거에 일이 잘 안 풀렸던 기억이 있는 사람은 비슷한 일을 할 때 예전 데이터를 바탕으로 편도핵이 그 일을 '불쾌함'이라고 판단한다. 그렇게 되면, 싫거나 힘들다는 감정이 생겨 가능하면 하지 않으려고 고개를 내젓는 회피반응이 일어난다.
　한편, 과거에 일이 잘되었던 기억이 있는 사람의 편도핵은 그 일을 '유쾌함'이라고 판단한다. 그래서 재미있거나 즐거운 감정이 생겨 해보려는 기분이 들면서 스스로 행동하려는 접근반응을 일으킨다.

즉, 즐겁다거나 즐겁지 않다거나 하는 감정은 모두 과거의 데이터를 바탕으로 판단한 결과로, 처음부터 재미있는 일과 재미없는 일이 구분되는 것은 아니다.

우리의 뇌는 하루에 7만 번이나 '유쾌함과 불쾌함'을 판단한다. 7만 번이 아니라 12만 번이라는 이야기도 있지만 어쨌든 엄청난 수치다. 이 수치만 놓고 보면, 인간이 감정의 동물이라는 말도 아주 틀린 말은 아니다.

게다가 우리의 뇌는 부정적인 감정일수록 쉽게 기억하는 특성이 있다. 따라서 좋았던 기억보다는 좋지 않았던 기억이 데이터베이스에 훨씬 많이 축적된다.

그래서 일이나 공부 계획도 과거 기억을 바탕으로 '힘들다' 혹은 '잘할 수 없다'를 판단하여 포기하곤 한다. 위기에 처했을 때도 과거 기억을 바탕으로 위험하거나 두렵다며 불안으로 위축되어 회피반응을 보인다.

실적이 나쁜 영업사원에게 정말 어려운 일은 최고의 실적을 올리는 것이 아니다. '나도 최고가 될 수 있다'라는 생각 자체가 가장 어렵다. 맨날 지기만 하는 축구팀 선수에게 정말 어려운 일은 전국대회에 나가는 것이 아니다. '우리도 전국대회에 나갈 수 있다'라고 생각하는 자체가 어렵다. 기억력이 너무 좋아 과거의 데이터가 우리 감정을 철저히 지배하는 것이다. 과거의 기억이 감정을 결정하고, 감정은 행동을 결정한다. 그리고 그 행동이 쌓여 습관이 된다.

수업포인트

**DAY 013**

과거의 기억이 감정을 결정하고, 감정은 행동을 결정하며 행동이 쌓여 습관이 된다

# 014

# 왜 나쁜 습관은 멈출 수 없을까

다이어트는 단것을 멀리하는 것부터

이미 설명한 대로 편도핵이 내리는 '유쾌함과 불쾌함'의 판단으로 우리의 감정이나 행동은 접근반응 혹은 회피반응을 선택한다. 감정이나 행동이 대단히 복잡해 보이지만, 실은 가까이하느냐 멀리하느냐 이 두 가지뿐이다. 이러한 반응 패턴에 착안하면 뭐든 잘되는 사람과 안되는 사람의 차이는 명확하다.

그 차이는 다음과 같다.

→ 잘되는 사람은 필요한 것에 접근하고 필요하지 않은 것은 회피한다

→ 안되는 사람은 필요한 것을 회피하고 필요하지 않은 것에 접근한다

무슨 말인지 구체적으로 살펴보자. 잘되는 사람의 반응 패턴을 예로 들면 다음과 같다. 영어 공부를 하려면 일단 교재가 있어야 하므로, 늘 들고 다니는 가방에 교재를 넣고 시간이 날 때마다 바로 꺼낼 수 있도록 한다. 이것이 필요한 것에 접근하는 반응이다. 다이어트를 하려면 단것을 멀리할 필요가 있으므로, 빵집에 가서도 디저트 코너에는 얼씬도 하지 않는다. 이것이 필요하지 않은 것을 회피하는 반응이다.

한편, 안되는 사람의 패턴을 보면 이렇다. 영어 공부를 하는데 교재는 책상 구석에 놓아둔다. 필요한 것을 회피하는 반응이다. 또 다이어트를 하려면 단것을 멀리해야 하는데, 빵집에 가면 디저트 코너부터 간다. 이 역시 필요하지 않은 것에 접근하는 반응이다.

이것을 보면 '해야 할 것을 하지 않고 하지 않아도 될 것을 하는 것'이 일이든 뭐든 잘 안되는 사람의 반응 패턴임을 알 수 있다. 나쁜 습관을 끊지 못하는 사람의 패턴도  다르지 않다. 실적을 올리고 싶다면 열심히 영업할 방법을 찾아보면 될 텐데, 외근 중에 무심코 PC방에 들른다. 근육을 늘리고 싶다면 퇴근길에 피트니스 클럽에 가면 될 텐데 발길이 자꾸만 술집으로 향한다.

이런 식으로 필요하지 않은 것에만 다가가기 때문에 계속 나쁜 습관을 끊지 못한다. 나쁜 습관을 끊고 좋은 습관을 들이고 싶다면, 의식적으로 필요한 것에 접근하고 필요하지 않은 것은 회피하는 반응 패턴으로 전환해야만 한다.

**수업포인트**

**DAY 014**

필요한 것은 바로 할 수 있는 상태로, 필요하지 않은 것은 피할 수 있는 상태로 만든다

# 015

## 습관화를 방해하는 정체
### 안락함과 충실함, 어느 쪽을 택할 것인가

습관을 만들기 위해 또 한 가지 알아 두어야 할 게 있다. 사람에게는 '안락 욕구'와 '충실 욕구'라는 두 가지 욕구가 있다는 사실이다.

'안락 욕구'란 편안하게 살고 싶어 하는 욕구로 식욕, 수면욕, 성욕이라는 3대 욕구 외에 물욕이나 지배욕, 사리사욕 등을 말한다. '충실 욕구'란 충실하게 살고 싶어 하는 마음이다. 자아실현 욕구, 자기 성장 욕구, 가치 창조 욕구, 사회 조화 욕구 등이다.

습관을 들이려고 할 때 이 두 가지 욕구는 서로 부딪친다. 한 사람 안에도 더 나은 인생을 위한 습관을 들이려고 '충실 욕구'를 추구하려는 마음도 있지만, 그런 노력은 성가시다며 내팽개치고 '안락 욕구'를 따르려는 마음도 있다.

이때 '안락 욕구'가 '충실 욕구'를 이기면 습관을 만들 수 없다. 머리로는 해야 한다고 이해해도 안락함을 추구하고자 하는 욕구가 강해지면 역시 도중에 내팽개쳐 버린다. 어느 쪽 욕구를 추구하느냐에 따라 그 사람의 사고와 행동 패턴이 결정된다.

다음은 '안락 추구형'의 대표적인 사고 패턴이다.

→ 성가신 일은 피하려 한다
→ 자신에게 책임이 돌아올까 봐 두렵다
→ 새로운 도전은 하고 싶지 않다

그 결과, 다음과 같은 행동 패턴이 굳어진다.

→ 타인에게 책임을 전가한다
→ 지시 없이는 행동하지 않는다
→ 문제 사항 처리가 늦어져 일의 개선이나 향상이 더디다

이를 보면 '안락 추구형'은 타인에게 의존하는 자세로 살아가고 있음을 알 수 있다. 스스로 하지 않아도 누군가가 해준다. 안되는 일은 남 탓으로 돌리고 스스로 생각하거나 행동하려 하지 않는다.

한편, '충실 추구형'의 사고 패턴은 다음과 같다.

⇢ 비전을 달성하기 위해서라면 성가심도 기꺼이 감수한다

⇢ 책임 있는 일을 하고 싶다

⇢ 새로운 도전을 꿈꾼다

그 결과 다음과 같은 행동 패턴이 굳어진다.

⇢ 스스로 책임을 진다

⇢ 지시 없이도 스스로 생각하고 행동한다

⇢ 문제 해결, 일의 개선이나 향상이 빠르다

이를 보면, '충실 추구형'은 자기 자신을 믿는 '자립'의 자세로 살아가고 있음을 알 수 있다. 자립이란, 어떠한 환경이나 조건에서도 자신의 능력과 가능성을 최대한 발휘하여 길을 개척해 나가려는 자세이다. 타인에게 의존하는 삶의 방식과는 정반대이다.

'안락 추구형'과 '충실 추구형', 이 두 타입 중 어느 쪽이 좋은 습관을 익혀 성장해 갈 수 있을까. 물론 '충실 추구형'이다. 눈앞의 안락함에 휩쓸리지 않고 충실한 인생을 보내고자 의식함으로써 인간은 누구나 나이와 상관없이 성장할 수 있다.

아무것도 의식하지 않고 살아가면 '안락 욕구'가 강해지기 마련이다. 인간이라면, 당연히 고생하는 것보다는 편안한 쪽을 좋아한다.

단, 그렇게만 해서는 습관이 배지 않고, 더 나은 인생을 걸어갈 수도 없다. 지금과 똑같이 안락한 길을 택할 것인가, 지금보다 나은 인생을 목표로 충실하게 살아가기 위해 행동할 것인가? 정말 자신이 원하는 길이 어느 쪽인지 스스로 질문해 보자.

수업포인트
DAY
015

충실한 인생을 보내려는 의식을 갖춘다면 누구나 나이와 상관없이 성장할 수 있다

# 016

## 습관 = 생각의 깊이×반복
구조만 이해하면 얼마든지 습관을 만들어 낼 수 있다

'안락의 욕구'에 휩쓸리지 않고 '충실의 욕구'를 추구하려면 어떻게 해야 할까? 그 답은 자신의 이상적인 모습을 그리는 데 있다. 습관 형성의 법칙은 다음의 방정식으로 나타낼 수 있다.

습관 =생각의 깊이×반복

습관을 만들려면 한 가지를 의식적으로 반복해야 한다. 하지만 그 전에 '나는 이렇게 되고 싶다'라는 생각이 없으면 반복하기가 어렵다. 그 생각이 깊으면 깊을수록 습관 형성의 성공률은 높아진다.

예를 들어, 당신이 5년 후나 10년 후 어떻게 되고 싶은지를 생각했다고 하자. 물론 그것만으로도 습관 형성에 한 걸음 다가갈 수 있지만, 꾸준히 하려면 이미지를 확고히 할 필요가 있다. 생각을 깊게 하는 포인트는 '내가 바라는 이상적인 모습이 되었을 때 누가 기뻐해 줄까?'를 상상하는 것이다.

열심히 하려면 누군가에게 '인정받고 있다는 느낌'이 필요하기 때문이다. 자신이 성과를 냈을 때 함께 기뻐하고 인정해 주는 사람이 있다는 사실은 무언가를 하는 데 엄청난 원동력이 된다.

가족이나 친구, 상사나 동료, 고객 등 사람에 따라 다양한 얼굴이 떠오를 것이다. 그 이미지를 가능한 한 구체적으로 그릴수록 생각은 깊어진다. 깊은 생각과 반복적인 행동이 합쳐지면 당신은 습관이라는 큰 자산을 손에 넣을 수 있다.

이번 장에서는 습관이 만들어지는 구조를 설명했다. 어쩌면 이렇게 생각하는 사람도 있을 것이다. '뇌의 작용이나 본능적인 욕구에 지배당하고 있다면 그것을 뒤엎고 습관을 만드는 게 불가능하지 않을까?'

하지만 걱정하지 않아도 된다. 앞에서 말한 습관 형성의 구조를 이해하면 인간이 지닌 특성이나 본능을 역으로 이용하여 얼마든지 좋은 습관을 만들어 낼 수 있기 때문이다. 다음 장에서는 습관 형성을 위한 구체적인 노하우를 설명한다. 왜 습관을 만들어야 하는지,

습관이 만들어지는 구조가 어떤지 잘 알고 있지만 의지가 부족해 계속 습관 형성에 실패한다면 다음 장을 유심히 살펴보기 바란다.

수업포인트

DAY

**016** ◇ 꿈이 강하면 강할수록 습관화하기도 쉽다

3장

## 의지가 약해도
## 계속할 수 있다!
## 최강의 습관 형성 스킬

# 017

# 먼저 작은 습관부터 시작한다

작은 습관이 쌓이고 쌓여 인생을 크게 바꾼다

습관으로 인생을 바꾸고 싶다면 먼저 꼭 해야 할 게 있다. 일단 작은 습관부터 시작하는 것이다. 자신을 바꾸고 싶다고 갑자기 큰 일을 하려고 해서는 안 된다. 인생은 어느 한순간에 바뀌는 것이 아니라 일상의 작은 습관이 쌓이고 쌓인 결과다. 그것이 당신의 본성이 되어 당신이라는 인간 자체를 바꿔 준다.

누구나 할 수 있는 것을 아무나 할 수 없을 정도로 계속하는 것이 가능해지면 분명 습관이 갖는 힘을 실감할 수 있다. 작은 습관이라고 하니 잘 와닿지 않을지도 모르겠다. 예를 들면 다음과 같다.

→ 일찍 일어나기
→ 일기 쓰기

→ 출퇴근 시간에 책 읽기

→ 벗은 신발 정리하기

→ 직장에서 먼저 인사하기

→ 눈앞의 휴지 줍기

'정말 그 정도로 괜찮을까?'라고 생각하는 사람도 있겠지만, 정말 그 정도로 괜찮다. 앞서 말했듯이 누구나 할 수 있을 만한 것을 자신과의 약속으로 정한다. 어렵게 생각할 필요는 없다. 이전부터 한번 해보고 싶었거나 시간이 없어서 하기 힘들었던 일들을 하면 된다.

신발을 정리하는 습관이 어떻게 인생을 바꾸는 것으로 이어지는지 의아할 것이다. 여기서 중요한 것은 무엇을 계속할지보다는 스스로 정한 약속을 지켜 냈다는 성취감을 쌓는 일이다. 아무리 작은 일이라도 하루 또 하루 계속하다 보면 자신감이 붙고 성취감을 얻을 수 있다.

2장에서 과거의 데이터가 감정을 지배하는 것이 인간이라고 했다. 따라서 어떤 한 가지라도 계속해 냈다는 기억이 늘면, 다른 것을 할 때도 할 수 있다는 자신감이 생겨 설렘을 갖고 즐겁게 할 수 있다. 그렇게 하다 보면 어느 샌가 인생이 크게 바뀌어 있다. 그 시작이 되는 것이 작은 습관이다. 나는 나의 세미나에 참여한 사람들에게 먼저 작은 습관부터 철저히 계속하라고 전한다. 그 결과 인생이 크게 바뀐 사람이 셀 수 없을 만큼 많다.

**매일 휴지를 주웠더니 영업실적이 올랐다!**

⋮

E씨는 퇴근 후 귀가하면 휴지를 세 개 줍는다는 작은 습관을 꾸준히 이어 갔다. 나를 처음 만났을 당시 그는 보험회사 영업 사원으로 실적이 오르지 않아 고민 중이었다. 내가 평소 생활을 자세히 물어보니 "퇴근 후 집에 돌아오면 바로 옷을 벗고 소파에 앉아 텔레비전을 켠다"라고 했다. 이미 지칠 대로 지친 터라 그저 뒹굴뒹굴할 뿐, 청소도 하지 않아 집안은 늘 너저분했다.

그 말을 들은 나는 "옷을 벗기 전에 휴지를 세 개만 주워 보라"고 제안했다. E씨는 그 정도라면 할 수 있겠다며 매일 휴지를 세 개씩 줍기로 자신과 약속했다. 그 습관을 계속 이어 가던 중에 문득 돌이켜보니 텔레비전을 켜지 않고 있는 자신을 발견했다. 휴지를 줍고 방 안을 정리하니 책상 위도 깔끔해졌다.

그러자 이왕이면 다음 날 업무와 일정도 확인해 두고 싶어 책상에

앉아 수첩을 펼치는 습관이 생겼다. 텔레비전을 보면서 뭉그적뭉그적 늦게 잠자리에 드는 일도 없어져, 다음 날에도 아침 일찍 일어나 기분 좋게 하루를 시작할 수 있었다.

그 결과, 업무상 실수도 사라지고 매우 효율적으로 일처리를 할 수 있었다. 더불어 영업실적도 놀랄 만큼 향상되었다. E씨가 한 것이라고는 휴지를 세 개 줍는 작은 습관뿐이었지만 이것이 매사에 느릿느릿하고 태평한 본성을 바꾸어 업무에서도 좋은 결과를 불러왔다.

E씨도 처음에는 영업실적을 올리고 싶은데 왜 휴지를 주우라고 하는지 의아했을 것이다. 하지만 이것이 '작은 습관'을 꾸준히 이어 가는 것의 위대함이다.

<br>

사례2

**메일 매거진을 계속 써서 책을 출간하다**

⋮

F씨는 메일 매거진을 쓰기로 한 후 9년 반에 걸쳐 이 습관을 계속 이어 갔다. 하루를 돌아보며 느낀 점, 책을 읽고 감명 받았던 점 등을 일기 대신 가벼운 기분으로 남기고 싶어서였다. 하지만 처음에는 좀처럼 쓸거리가 떠오르지 않아 한두 시간 머리를 싸맨 적도 많았다.

작은 습관이라고 생각했는데 예상보다 힘들어 몇 번이나 포기할까 싶은 마음도 있었다. 그래서 지금까지와 달리 무게를 잡지 않고 과감하게 자신과 가족의 일상을 공유했더니 독자들이 반응을 보이기 시작했다.

또한 F씨는 있는 그대로의 자신을 먼저 드러냄으로써 부하 직원이나 업무상 만나는 사람들도 편견 없이 받아들일 수 있게 되었다. 인간관계가 원만해지자 업무 효율도 높아졌다.

또 메일 매거진이 입소문을 타서 출판사에서 출간 제의가 들어와 자기 체험과 생각을 책으로 출간하는 뜻하지 않은 기회도 얻었다. F씨가 메일 매거진을 쓰기 시작했을 때는 설마 자신이 전국적으로 이름을 알리는 작가가 되리라고는 상상도 하지 못했을 것이다. 모든 것은 메일 매거진을 쓰는 작은 습관에서 시작되었다.

---

**사례3**

## 아침 화장실 청소가 회사 전체를 바꾸다

⋮

G씨는 매일 회사 화장실을 청소하는 작은 습관을 꾸준히 이어갔다. 사실 G씨는 이 회사의 경영자다. 화장실 청소 덕분에 회사 실적이 좋아졌다는 다른 회사의 사례를 듣고, 처음에는 사원들에게 청소를 습관화시키려고 시도했으나 반응이 신통치 않았다. 그래서 경영자인 자신이 모범을 보여 매일 아침 혼자

화장실 청소를 하기로 했다.

어떤 사원보다도 일찍, 아침 6시에 회사로 와서 솔과 세제를 양손에 들고 익숙지 않은 손놀림으로 한 시간 가까이 화장실 청소를 하는 날들이 시작되었다. 처음에는 거부감이 없지 않았지만, 닦으면 닦을수록 자기 마음까지 상쾌해져 급격히 즐거워졌다.

그렇게 일 년이 지났을 무렵, 한 사원이 "오늘부터는 제가 하겠습니다"라고 팔을 걷어붙이며 G씨 대신 매일 화장실 청소를 시작했다. 다른 사원들도 사무실 청소에 참여하게 되면서 지금은 G씨를 포함한 전 사원이 매일 아침 10분간 청소하는 게 습관이 되었다.

G씨는 혼자 화장실 청소를 계속했던 일 년 동안, 직접 사원들에게 "청소하라"고 말한 적이 한 번도 없었다. 그런데도 스스로 청소하기 시작한 사원들을 보며 '다들 안 보는 것 같아도 사실은 내 행동을 쭉 지켜보고 있었다'는 사실을 깨달았다.

'저러다가 말겠지!' 하며 지켜봤는데, 일 년이 넘도록 매일 아침 하루도 빠트리지 않고 사장이 청소하는 모습을 보며, G씨의 진심이 전해졌고 사원들의 행동까지 바꾸어 놓은 것이다.

전 사원이 청소하는 습관은 회사 전체의 일체감을 높여 업무도 원활하게 만들었다. 한 사람이 작은 습관을 꾸준히 실행한 결과, 자신은 물론이고 조직 전체가 크게 바뀌었다.

작은 습관이 인생을 바꾼다고 했던 의미가 이해되지 않았는가? 사례에서 소개한 사람들이 처음부터 큰 변화를 기대했던 것은 아니었다. 그래도 작은 습관을 계속 이어 감으로써 결과적으로 인생이 크게 바뀌었다. 하나하나는 작아 보여도 계속하면 엄청난 힘이 된다. 당신도 그 사실을 잊지 않기 바란다.

수업포인트

DAY
017

'이것은 계속해 왔다'는 성취감이 당신의 큰 무기가 된다

# 018

# 일단 시작하는 것이 중요하다
### 처음에는 부담 없이 시작한다

설령 작은 습관이라도 처음부터 꼭 해야 한다고 스스로 압박을 가하면 오히려 계속하기가 어렵다. 대부분은 어떤 습관이라도 오래 지속하기가 쉽지 않다고 여긴다. 그것은 뇌가 '계속하는 것은 힘들고 괴롭다'는 과거의 기억을 바탕으로 판단하기 때문이다. 편도핵이 과거 데이터를 바탕으로 어떤 행동을 '불쾌함'이라고 여기면 웬만해선 그 일을 계속하기가 힘들다.

그럴 때는 무언가를 계속한다기보다는 '시작한다'고 생각해 보자. 일단 해본다는 생각으로 시작한다. '시작'한다고 하면 왠지 설레지 않는가? 작은 습관은 계속하기 이전에 '일단 해보는' 데에 가치가 있다. 아무리 작은 습관이라도 좋으니 스스로 약속을 해보면 지금껏 깨닫지 못했던 자신의 본성을 만날 수 있다.

가령, 신발 정리를 하기로 하고 일단 해보면, 의외로 계속 잘할지도 모른다. 처음 한 주 동안은 잘했지만, 8일째부터는 느슨해지거나 아니면 첫날부터 좌절했을 수도 있다. 어느 쪽이든 좋으니 일단 해봄으로써 과거 자신이 어떠한 자세로 그 일에 몰두해 왔는지를 알 수 있다.

사람들은 대부분 자신의 본성을 의식하지 않는다. 이대로는 안 된다고 생각하면서도 무엇을 어떻게 바꿔야 할지 몰라 결국 그대로 인생을 걸어간다. 무의식중에 어떻게 생각하고 어떻게 행동하는가? 그 자체를 깨닫는 것만으로도 대단히 큰 가치가 있다.

'오늘부터 계속한다'는 생각보다는 '오늘부터 시작한다'는 생각으로 일단 해보는 것이 습관 형성의 열쇠임을 기억하자.

수업포인트

DAY
018

일단 해보면 지금까지 자각하지 못했던 본성을 깨닫게 된다

# 019

# 문턱을 낮춘다
복근 운동은 한 번, 일기는 한 줄이면 된다

습관을 형성할 때, 절대 완벽을 목표로 해서는 안 된다. '완벽'은 습관을 형성하기 어렵게 만드는 커다란 방해 요인이다.

예를 들어, 일기를 쓰기로 했다고 하자. 의욕에 넘쳐 멋진 일기장을 사 왔다. 하루에 한 페이지씩 쓰는 양식의 일기장이다. 첫 페이지를 펼치고 오늘 있었던 일을 쓰기 시작했는데, 생각나는 것을 전부 다 써도 페이지는 절반도 메워지지 않는다. 달리 쓸거리가 없을까 머리를 아무리 싸매도 아무것도 떠오르지 않는다.
그 순간 당신은 이런 생각이 들 것이다. '난 안 돼. 한 페이지도 제대로 쓰지 못하다니!' 갑자기 일기 쓰기가 싫어진다. 이렇게 되면 다음 날부터는 일기장을 펼칠 마음도 사라진다. 모처럼 산 멋진 일기장은 서랍에 콕 박혀 두 번 다시 나오지 못한다.

이것이 완벽주의자의 흔한 좌절 패턴이다. '하루 한 페이지짜리 일기장이니까 반드시 하루 한 페이지를 가득 메워야 한다'는 이상적인 패턴에 집착하여 거기에서 조금이라도 벗어나면 안 된다고 포기해 버린다.

하지만 일기를 반드시 하루에 한 페이지씩 써야 한다는 법은 세상 어디에도 없다. 반 페이지를 쓰든, 삼 분의 일을 채우든 아무도 뭐라고 하지 않는다. 도저히 쓸거리가 없다면 한 줄이라도 괜찮다.

"오늘은 딱히 쓸 게 없는 하루!" 이렇게 쓰면 된다. 그날 하루를 돌아보고 쓰는 것이 일기인 만큼 단 한 줄만 쓰더라도 상관없다. 그런 식으로 일기를 계속 써가면 '오늘도 썼구나!'라는 성취감을 쌓아갈 수 있다.

습관을 형성하고 싶다면 어떻게든 문턱을 낮추는 것이 관건이다. 복근 운동이라면 매일 30회가 아니라 1회라도 괜찮다. 공부라면 매일 문제집 두 페이지씩이 아니라 한 문제라도 괜찮다. 러닝이라면 매일 30분씩 달리지 않더라도 러닝화를 신고 일단 집 밖으로 나가는 것도 좋은 출발이다. 이 정도로 문턱을 낮춰 보자.

물론 생각한 대로 할 수 있다면 더할 나위 없다. 하지만 인간은 기본적으로 나약하다. 도저히 의욕이 나지 않거나 졸음이 쏟아져 손을 쓸 수 없을 때도 있다. 그럴 때는 한 줄이라도 괜찮고, 한 번이라도 괜찮다고 생각하며 계속할 수 있다는 자기 긍정감을 만들어 내야 한다. 반복하지만, 습관을 형성하려면 무엇을 계속할 것인가보다는 무언가를 계속할 수 있었다는 성취감을 쌓는 게 중요하다.

습관을 형성하고 싶다면 '목표 달성'보다는 '성취감'을 우선하자.

수업포인트

DAY
**019**

인간은 나약하다. 문턱을 낮추고 어떻게든 계속할 수 있다는 성취감을 내면에 쌓아간다

# 020

## 게임을 한다는 생각으로 즐긴다

하나씩 공략해 나가는 것이 동기부여가 된다

무엇이든 즐기면서 하면 그 습관을 꾸준히 이어 갈 수 있다. 그 방법 중 하나가 게임하듯이 하는 것이다. 하기로 한 것을 꼭 해야 한다기보다 게임을 공략한다는 기분으로 하면 같은 일이라도 훨씬 즐거워진다.

내가 한 사람에게 100일간 엽서 쓰는 습관을 유지할 수 있는 것도 게임한다는 생각으로 하기 때문이다. 하루 한 장씩 엽서를 써서 100일이 되면 목표 지점에 도달한다. 이것은 100개의 칸을 하루 한 칸씩 메워 100칸을 다 메우면 게임이 끝나는 방식과 동일하다. 한 사람에게 100장의 엽서를 다 썼다면 다음 상대에게 100장을 쓴다. 새로 출시된 게임을 공략하는 느낌으로 즐기면서 하면 계속 엽서를 쓸 수 있다.

나는 엽서에 일련번호를 매기는데, 이 번호가 하나둘 늘어 가는 것도 게임에서 한 칸씩 메워가는 느낌을 유지하는 방법이다. 단순히 고마운 사람이나 도움을 받은 사람에게 엽서를 보내는 것이라면 '오늘은 피곤하니까 다음에', '이번에는 안 써도 돼'라고 게으름을 피웠을지도 모른다.

하지만 생각을 조금만 바꿔 매일 쉽게 성취감을 쌓을 수 있다면, 똑같이 엽서를 쓰는 습관이라도 계속하기가 훨씬 쉽다.

수업포인트

DAY
020

일련번호를 매기는 등 생각을 조금만 바꿔도 하기 싫은 일이 즐거운 게임으로 바뀐다

# 021

## 자연스럽게 할 수 있는 구조를 만든다

의지나 의욕에 기대지 않고 계속할 수 있는 환경을 만든다

무언가를 시작할 때, 처음에는 누구나 이번에야말로 계속하겠다는 의욕으로 불타오른다. 문제는 그 의욕이 오래가지 않는다는 데 있다. 열심히 해야 한다는 열정 없이는 무언가를 이룰 수 없다. 단, 그 열정을 꾸준히 유지하기 힘든 것도 엄연한 사실이다. 그래서 '구조'를 만드는 것이 중요하다. 강한 의지나 근성으로 열정을 지속시킬 게 아니라 자연스럽게 그 일을 할 수 있도록 구조를 짜면 힘들이지 않고 습관을 형성할 수 있다.

구조를 만드는 방법은 두 가지다.

첫째, 시간과 장소를 정한다. 매일 하겠다고 정한 것만으로는 '오늘은 바빠서 시간이 없다', '깜빡하고 잊어버렸다'라며 그만두기가

쉽다. 하지만 언제 어디에서 할 것인지를 정해 두면 매일 생활하는 중에 자연스럽게 그 행동을 하게 된다. 예를 들어 독서 습관을 들이기로 했다면 다양한 타이밍을 생각할 수 있다.

→ 기상 후 서재 책상에서
→ 회사에서 점심 식사 후
→ 취침 전 침대에서

이것이 정답이라는 말은 아니다. 사람에 따라 계속하기 쉬운 상황들이 다양하기 때문이다. 일단 다양한 타이밍에서 시도해 보고 스스로 가장 안정적으로 실천할 수 있는 장소와 시간을 선택한다. 그것이 당신에게 최적의 구조다.

또 하나의 방법은 타인을 끌어들이는 것이다. 누군가에게 '이것을 하겠다'고 선언하거나, 타인과 연관된 행동을 습관으로 정하면 그만두려야 그만둘 수가 없다. 앞서 말한 한 사람에게 100일간 엽서를 쓰는 나의 습관이 바로 타인을 끌어들인 구조의 완성형이다.

먼저 엽서를 쓸 상대에게 "앞으로 내가 당신에게 100일간 엽서를 쓸 테니 잘 부탁한다"고 선언한다. 상대에게 그렇게 말한 이상, 계속 쓰는 수밖에 없다. 타인을 끌어들이는 것의 또 한 가지 이점은 상대로부터 반응이 돌아온다는 점이다.

나도 이 습관을 시작할 무렵에는 뭘 써야 할지 막막하여 도중에 포기하려고 했던 적도 많다. 그때 너무 힘들어서 "오늘은 도저히 쓸 게 없어!"라고 썼더니 상대가 오히려 "너 웃기려고 그러지?" 하며 재미있어 했다. 그래서 나도 '이런 식으로 써도 괜찮겠구나' 싶어 다시 마음을 다잡고 즐겁게 엽서를 계속 쓸 수 있었다. 혼자 꾸준히 계속하기는 어려워도 타인과의 약속이나 반응이 있으면 계속하는 힘이 훨씬 강해진다.

구조를 만들면 강한 의지나 의욕에 기대지 않고도 누구나 습관을 계속 이어갈 수 있다.

수업포인트

DAY
021

자연스럽게 하게 되는 구조를 만들면 별 어려움 없이 습관을 형성할 수 있다

# 022

## 한발 앞 습관을 정한다
일찍 일어나기로 했다면 몇 시에 잘지부터 정한다

습관을 계속 이어 가지 못하는 사람에게는 한 가지 공통점이 있다. 바로 '한발 앞 습관'을 의식하지 못하는 것이다. 예를 들어, 매일 아침 6시에 일어나기로 했다고 하자. 사람들은 대부분 아침 6시에 일어나려고만 애쓰면서 중요한 한 가지를 놓친다.

먼저 몇 시에 잘지를 정해야 한다. 늦게까지 자지 않거나 밤새 술을 마시러 돌아다닌다면 다음 날 아침 6시에 일어날 수 없다. 매일 아침 6시에 일어나려면 밤 12시에는 잠자리에 든다는 식으로 취침 시간도 정해 둬야 한다. 이것이 한발 앞 습관이다.

또한, 밤 12시에 자려면 11시까지는 씻고, 11시까지 씻으려면 9시까지는 집에 들어간다는 식으로 항상 한발 앞 습관을 정하면, 매일 아침 6시에 일어나는 습관을 계속 이어 갈 수 있다.

이처럼 무언가를 계속하고 싶다면 그 한발 앞 습관을 의식한다. 아침에 러닝 습관을 들이고 싶다면 머리맡에 트레이닝복을 두고 잔다. 출퇴근 전철에서 영어 공부 습관을 들이고 싶다면 가방 안에 교재를 넣어 둔다. 귀가 후 자격증 시험 공부 습관  을 들이고 싶다면 집에 돌아오는 즉시 눈에 띄는 곳에 문제집과 필기도구를 놓아 둔다.

이런 식으로 한발 앞 습관을 정하면 그 뒤를 잇는 습관을 원활하게 실행할 수 있다.

수업포인트

DAY 022

한발 앞 습관을 정하면 다음 습관을 원활하게 실행할 수 있다

# 023

## 진심을 다해 행동한다
아무리 좋은 습관도 성의 없이 하면 나쁜 습관이 된다

습관은 아무리 작고 사소한 것이어도 상관없다. 하지만 이것만은 명심하자. 아무리 작은 일이라도 마음을 다한다. 직장 사람에게 먼저 인사하기로 했더라도 진심으로 하지 않는다면 아무런 의미가 없다.

극단적으로 말해, 주머니에 손을 넣은 채 상대와 스치는 순간에 씩 웃기만 하는 것은 인사가 아니다. 그런 사람이 되고 싶어 인사하는 습관을 들이려는 사람은 없을 것이다. 아무리 좋은 습관이라도 말이나 행동을 아무렇게나 하면 그 사람의 본성도 아무렇게나 평가받는다. 아무렇게나 해도 괜찮다고 생각하면, 아무렇게나 할 것이고 그게 굳어져 그 사람의 본성이 된다.

특히 사람들에게는 늘 진심을 다해 행동하자. 나는 기업의 신입사원 워크숍에서 인사를 가르칠 때 이렇게 말한다.

"상대 앞에 일단 멈춰 서서 상대의 눈을 보며 '안녕하세요'라고 말해주세요."

이것이 진심 어린 행동이다. 이런 식으로 진심 어린 행동을 쌓으면 당신의 인격이나 품성에도 진실함이 배어 어떤 행동을 하든 무의식중에 마음을 다하게 된다.

사회인이라면 누구나 인사하는 것을 당연히 여기지만, 그 당연한 것을 제대로 하는 사람이 얼마나 될까? 특히 나이나 직책이 오를수록 당연한 것을 더 할 수 없게 된다.

'내가 나이가 더 많으니까 인사는 상대가 먼저 해야 해.'

'난 상사니까 인사는 부하 직원이 먼저 해야 해.'

이렇게 생각하는 사람도 많다. 하지만 상대에 따라 '먼저 인사하기'의 기준을 나눈다면 진짜 습관으로 남지 않는다. 당연한 것을 얼마나 진심을 다해 하느냐로 당신의 본성이 결정된다. 당연한 것의 기준을 높이고 습관의 질도 높여야 자신의 레벨도 높일 수 있다.

수업포인트

DAY
023

진실한 행동을 쌓아야 무의식중에도 진심 어린 행동이 나온다

## 024

# 좌절하지 않는 비결①
# 자신이 꿈꾸는 모습을 명확히 그린다
### 꿈은 크면 클수록 좋다

습관 형성의 가장 큰 적은 좌절이다. 작은 습관부터 시작해 잠깐은 계속했더라도 도중에 귀찮거나 지겨워져 점점 반복하는 게 힘들어진다. 누구에게나 그런 시기가 찾아온다. 그래서 좌절하지 않기 위한 요령이나 장치가 필요하다. 지금부터 그 비결을 소개하겠다.

좌절하지 않는 첫 번째 비결은 자신이 꿈꾸는 모습을 명확히 그리는 것이다. 만일 다이어트 습관을 들이고 싶다면, 단순히 '살을 빼고 싶다'가 아니라 살을 빼서 어떤 모습이 되고 싶은지를 좀 더 구체적으로 상상하자.

'좋아하는 브랜드의 원피스를 멋있게 소화하고 싶다.'

'남자친구와 해변에서 당당하게 수영복을 입고 싶다.'

'아이가 젊고 예쁘다고 친구들에게 자랑할 수 있는 엄마가 되고 싶다.'

이처럼 가능한 한 구체적으로 꿈을 그린다. 목표에 대한 명확한 이미지는 의욕으로 이어진다. 또한 '할 수 있다'라는 자기 긍정감이 생겨 쉽게 좌절하지 않게 된다. 이것이 이미지가 갖는 힘이다.

뇌의 구조를 이해하면 이미지에 담긴 힘을 알 수 있다. 우리의 뇌는 좌뇌와 우뇌로 나뉘어 있다. 좌뇌는 논리적이고 분석적인 사고를 하면서 동시에 과거를 떠올리는 기능이 있다. 한편, 우뇌는 감각적인 이미지를 그리면서 동시에 미래를 생각하는 기능이 있다.

만일 우뇌가 미래의 이미지를 떠올리지 않는다면, 우리는 점점 좌뇌가 과거에 쌓아 둔 기억에 지배당한다. 우리의 뇌는 기억력이 좋아 과거에 있었던 안 좋은 일들을 선명하게 담아두고 있다. 무언가를 습관화하려 해도 좌뇌의 기억이 '그렇게 열심히 했는데도 실패했잖아. 이번에도 어차피 안 될 거야'라고 발목을 잡는다. 그것에 저항하려면 우뇌에서 미래의 이미지를 명확하게 그리는 수밖에 없다.

'나는 꼭 이렇게 되고 싶다'라는 강한 목표를 갖고 이미지를 그린다면, 좌뇌의 기억에 휘둘리지 않고 미래를 긍정적으로 생각할 수 있는 힘이 생긴다.

'이루고 싶은 나'의 모습은 곧 꿈의 크기에 달려 있다. 꿈이 크면 클수록 참고 견디는 힘도 커진다. 전국대회에서 우승하겠다는 큰 꿈을 가진 야구부는 그 꿈을 이루려는 생각에 혹독한 훈련도 견뎌 낼수 있다. 그런데 '지역 예선 1회전만 통과하면 된다'는 작은 꿈을 가진 야구부는 '어차피 예선에서 한 번만 이기면 되니까 힘들게 연습할 필요가 없다'는 생각에 혹독한 훈련을 견뎌 내지 못한다.

꿈의 크기는 곧 인내의 크기다. 따라서 자신의 미래 이미지를 그릴 때는 자신이 바라는 모습을 대담하게 그릴 필요가 있다. '지금 내상황이 이런데 바뀌어 봤자 얼마나 바뀌겠어.' 이런 식으로 꿈에 제한을 둬서는 안 된다. 그렇게 되면 꿈의 크기가 점점 작아져 견딜 수있는 인내의 크기도 줄어든다.

자신이 바라는 이상적인 모습을 명확히 하고 가능한 한 꿈의 크기를 키운다. 좌절하지 않는 습관을 위해 먼저 그것부터 시작해 보자.

**수업포인트**

**DAY 024** ◆ 이상적인 자신의 모습을 가능한 한 구체적으로 그린다

# 025

## 좌절하지 않는 비결②
## 지금의 나를 바라본다
현재 위치를 모르고 목적지에 이르기는 불가능하다

앞에서 '이루고 싶은 나, 즉 목표를 달성했을 때의 이미지'를 명확히 그리는 것이 좌절하지 않는 비결이라고 설명했다. 그와 더불어 기억해야 할 게 있다. '지금의 나, 즉 자신의 현재 위치'를 알아야 한다. 네비게이션에 목적지를 입력하는 것만으로는 그곳에 이를 수 없다. 현재 위치를 알아야 비로소 어떤 경로로 가야 할지 알 수 있다.

습관 형성도 마찬가지다. 자신이 지금 어떤 상태이며 어떤 약점이나 부족한 면을 가지고 있는지 알지 못하면, 목표를 달성하기 위해 어떤 노력을 기울여야 하는지도 알 수 없다. 목적지와 현재 위치 사이의 간극을 자각하지 못하면 그 간극을 메우기 위한 노력도 할 수 없다. 따라서 현재 위치 파악은 어떤 노력이 필요한지 아는 것의 시작이기도 하다.

2장에서 이야기했듯이 습관은 곧 본성이다. 타인은 우연한 순간에 나온 당신의 본성을 더 잘 본다. 자신이 주위에서 어떤 평가를 받는지 알게 된다면, 분명 '이대로는 안 될 것 같다', '나를 바꾸고 싶다'라는 생각이 강하게 들 것이다.

현재 위치를 아는 방법 몇 가지가 있다. 그중 하나가 자신에 관한 '재고 조사'다. 먼저 스스로 생각하는 바람직한 점을 써본다. 구체적으로는 다음 항목을 참고하라.

→ 나의 장점
→ 과거에 타인에게 칭찬받은 점
→ 특기
→ 살아가면서 중시하는 것

다음은 스스로 생각하는 바람직하지 않은 점을 써본다.

→ 나의 단점
→ 고치고 싶은 점
→ 나쁜 습관
→ 주위로부터 지적당한 것

이 둘을 가능한 한 많이 써본다. 누군가에게 보이기 위한 것이 아니니 멋지게 쓰려고 할 필요는 없다. 어떤 점이든 생각나는 대로 솔직하게 쓰는 것이 중요하다. 이렇게 써보면 지금의 나, 즉 자신의 현재 위치가 보일 것이다. 평소에도 그렇게 느꼈던 부분이 많다고 생각하겠지만, 이렇게 명확히 적어 보면 자기 모습을 냉정하게 재점검할 수 있다.

현재 위치를 알아내는 또 하나의 방법은 타인에게 묻는 것이다. 상사나 동료, 가족이나 친구에게 자신이 어떤 사람인지 물어본다. 10명 정도에게 물어보면 타인이 바라보는 내 모습을 알 수 있다. 타인에게 묻는 것은 많은 용기를 필요로 하지만, 자신을 객관적으로 바라보기에 매우 좋은 방법이다.

'나는 그런 사람이 아닌데 왜 그렇게 보였을까?' 싶은 마음도 들 것이다. 하지만 그 부분에 자신의 본성을 알 수 있는 중요한 단서가 있다. 자신은 그런 의도가 아니어도 상대가 그렇게 생각했다면 그럴 만한 습관이 몸에 배어 있음을 의미한다.

현재 위치를 알게 되면 '나는 이런 사람이었구나' 하고 낙담하게 될지도 모른다. 하지만 전혀 그럴 필요가 없다. 지금의 내 위치를 알면 이미 습관 형성에 반은 성공한 것이기 때문이다.

현재 위치를 모른 채 근성이나 열정만으로 밀어붙이기만 해서는 목적지에 이를 수 없다. 아무리 노력해도 절대 목표 지점에는 다다를 수 없다. 이보다 허무한 일이 또 있을까?

하지만 '이루고 싶은 나 = 목적지'를 명확히 하고 '지금의 나 = 현재 위치'를 안 사람은 알맞은 노력으로 착실하게 목표 지점에 다다를 수 있다. 이런 사람에게 열심히 하면 반드시 목표를 달성할 수 있다는 믿음만 더해진다면 도중에 좌절하지 않고 끝까지 목표를 이룰 수 있다. 이처럼 습관 형성을 위해서는 반드시 목적지와 현재 위치를 묶어서 설정해야 한다.

수업포인트

DAY
025

지금의 자신을 명확히 바라보고 이상적인 자신과의 간극을 파악한다

# 026

# 좌절하지 않는 비결③ 무엇을 위한 것인지 생각한다

목적이 없으면 계속하기 어렵다

어떤 습관을 형성하려면 무엇을 위해 그 습관을 들이려고 하는지부터 생각한다. 이는 습관을 지속하게 하는 큰 원동력이 된다.

1장에서 매일 영업 전화를 열 군데 거는 습관을 꾸준히 실행한 결과, 최고의 영업사원이 된 남성의 사례를 소개했다. 그의 경우 '가족을 위해'가 습관의 원동력이었다. 영업 실적이 나빠 수입이 거의 없자 이대로는 가족이 거리로 나앉을 수도 있다는 절박함이 그를 움직였다. '가족을 위해'라는 분명한 목적이 있었기에 수없이 거절당해도 좌절하지 않고 '한 군데만 더, 한 군데만 더' 하며 계속 전화를 할 수 있었다.

함께 소개한 다른 이들도 마찬가지다. 40세에 프로 복서로 복귀한 남성은 작고한 아버지와의 약속을 지키기 위해, 아내에게 고맙다는 말을 계속한 남성은 가족관계를 개선하기 위해 습관 형성을 시작했다.

무엇을 위해 한다는 목적만 명확하다면 행동은 저절로 따라오기 마련이다. 다이어트를 꾸준하게 하지 못하는 사람은 어쩌면 다이어트를 별로 하고 싶지 않은 것인지도 모른다.

'주위 친구들이 다들 하고 있고, 날씬해야 예쁘니까 나도 한번 해 볼까.'

이런 동기로 다이어트를 시작한 사람에게는 '무엇을 위해'라는 목적이 빠져 있다. 이런 타입은 결국 '지금도 딱히 불편하지 않은데 꼭 다이어트를 해야 할까?'라는 결론에 이를 가능성이 크다. 그렇다면 무리하게 다이어트를 하지 않고 다른 습관을 들일 선택지도 있다. 목적이 없으면 지속할 수 없다. 습관을 꾸준히 이어 가고 싶다면 스스로 '무엇을 위해?'라는 질문을 던져 보자.

수업포인트

DAY
026

명확한 목적은 습관을 지속하게 하는 큰 원동력이 된다

# 027

## 좌절하지 않는 비결④
## 누구를 기쁘게 하고 싶은가?

누군가를 위해서라면 높은 벽도 뛰어넘을 수 있다

비결③에서 무엇을 위해 습관을 형성하는지를 생각하자고 했다. 물론 자신을 위해 하는 것도 중요하다.

'공부를 습관화하여 빨리 취업한 후 당당한 사회인이 되고 싶다.'

'근육 운동을 열심히 해서 몸을 만든 후 사람들에게 멋있다는 말을 듣고 싶다.'

이런 식으로 처음에는 자신을 위한 목적이어도 상관없다. 목적이 없는 것보다는 훨씬 큰 원동력이 되기 때문이다.

단, 한 가지 알아 둘 사실이 있다. 목적이 내가 아닌 다른 누군가를 향할 때, 몇 배는 더 열심히 할 수 있다. 목표를 달성했을 때 기뻐해 줄 사람의 얼굴을 선명하게 떠올리면 의욕이 솟는다. 누군가에게 고맙다는 말을 듣는 것도 포기하지 않게 하는 힘이 된다.

간단한 습관이라면 자신을 위해서도 계속할 수 있다. 하지만 더 높은 목표를 갖거나 어려운 일을 이루고자 할 때는 다르다. 자신을 위한 것만으로는 계속하기 어렵다. 목표를 이뤘을 때 기뻐해 주는 다른 사람의 얼굴을 보면 자신도 덩달아 기뻐진다. 이것이 열심히 하게 만드는 동기부여가 된다.

'공부를 습관화하여 전문 자격을 취득한 후 곤경에 처한 사람들을 도와주고 싶다', '근육 운동을 습관화하여 건강을 유지하고 가족의 행복을 위해 일하고 싶다'라는 식으로 '누군가를 위해'라는 목적을 찾을 수 있다면 같은 습관이라도 쉽게 좌절하지 않는다. 무언가를 계속하려면 누구를 기쁘게 해주고 싶은지 생각해 볼 필요가 있다.

2004년 여름, 일본의 고교야구대회인 고시엔甲子園 대회에서 도마코마이苫小牧고등학교가 홋카이도 지역 최초로 우승을 거두며 큰 화제가 된 적이 있다. 이 야구부는 뇌과학을 바탕으로 한 멘탈 트레이닝을 도입했다. 이때 선수들에게 '무엇을 위해 야구를 하는가?'라는 동기부여를 했다. 물론 선수들에게는 '시합에 이기기 위해', '좋은 선수가 되기 위해' 같은 목적이 있었지만, 그것은 어디까지나 자신을 위한 것이었다.

멘탈 트레이닝 지도자는 선수들에게 다음과 같이 더 큰 목적을 제시했다.

"여러분이 전국대회에 나가면 이 도마코마이 거리 전체가 활기로 넘친다. 그리고 사상 최초로 우승기가 쓰가루津輕 해협을 건너면 홋카이도 전체가 기쁨으로 들썩인다. 그것을 목표로 하면 어떤가?"

이렇게 하여 '고향을 위해, 홋카이도를 위해'가 선수들의 목적이 되었다. 그 결과, 보란 듯이 우승기를 갖고 홋카이도로 돌아왔다. 사실 당시에는 선수 자신은 물론이고 보호자나 교직원들도 "고시엔 우승 같은 꿈 같은 이야기는 됐으니 지역 예선이나 통과했으면" 하는 소극적인 태도였다고 한다.

하지만 '고향의 명예를 위해'라는 목적이 명확해지자, 선수들은 스스로 "전국을 제패하자"라는 말을 꺼냈고 주변에서도 그들을 응원하게 되었다. 선수들은 일본 최고가 되는 데 필요한 훈련의 양과 질적 수준을 높여 연습을 계속했다.

자신을 위한 꿈만 있었다면, 혹독한 연습을 계속할 수 없었을 것이다. 도중에 포기하는 선수가 속출하더라도 전혀 이상할 게 없었다. 하지만 선수들은 누구 하나 좌절하지 않고 목표를 달성했다. 자신을 위한 꿈은 빨리 한계에 이르지만, 누군가를 위한 꿈은 한계를 초월한다. 도마코마이고등학교의 사례가 그것을 증명한다.

만일 자신을 위한 목적만 찾으려는 사람이 있다면 시좌視座를 높이는 노력을 기울여 보자. 시좌란 사물을 볼 때의 위치를 말한다. 시좌를 높일수록 볼 수 있는 범위가 넓어진다.

1층에서 밖을 바라봤을 때와 10층에서 밖을 바라봤을 때 보이는 풍경의 차이를 상상하면 이해하기 쉬울 것이다. 1층에서 바라보면 고작 앞에서 길을 걸어가는 사람 정도만 보이지만 10층에서 바라보면 몇 블록 앞까지도 훤히 눈에 들어온다.

도심의 타워에서는 시내 전체를 내려다볼 수 있다. 비행기에서는 나라 전체를 바라볼 수 있고 우주 스테이션에서는 지구 전체를 조망할 수 있다.

시좌를 높일수록 자신이 속한 세계가 넓음을 알 수 있다. 지금 자신을 위한 목적밖에 없는 사람은 시좌가 낮은 상태다. 따라서 자기 자신밖에 눈에 들어오지 않는다.

하지만 시좌를 조금 높이면 자신이 가족 안에 있음을 깨닫는다. 조금 더 높이면 이번에는 자신이 회사나 학교, 팀 안에 있음을 깨닫는다. 한 단계 더 높이면 마을이나 지역, 업계 등 더 넓은 세상 안에 자신이 있음을 깨닫고, 더 높이면 나라, 더 높이면 세계 안에 자신이 있음을 깨닫는다.

자신이 특정 그룹에 속해 있음을 의식하면 지금 자신이 있는 곳을 위해 뭔가를 하고 싶은 기분이 싹트기 마련이다.

앞서 소개한 야구부 선수들도 처음에는 자신밖에 보지 못했다. 그러나 시좌를 높여 자신들이 지역사회의 일원임을 자각했을 때, 사람들을 기쁘게 해주고 싶은 의지가 싹텄다.

시좌를 높이고 싶다면 "나는 ○○○○이다"라고 써보는 방법도 추천한다.

"나는 남자다."
"나는 아버지다."
"나는 ◇◇상사의 사원이다."
"나는 △△시의 시민이다."

이렇게 생각나는 대로 20개 이상을 써본다. 자신이 어떤 사람인지가 명확해지면 어디에 속해 있고 어떤 역할을 담당하고 있는지 인식할 수 있다. 그것이 '내가 속한 그룹이나 주위 사람을 위해 할 수 있는 일이 없을까?'를 생각하게 만드는 계기가 될 것이다.

수업포인트
DAY
027

목적이 '누군가를 위해'라면 습관을 지속하기가 몇 배는 더 쉽다

# 028

## 좌절하지 않는 비결⑤
## 반드시 해야 한다는 생각은 버린다

하고 싶은지 하고 싶지 않은지 그 감정을 중시한다

2장에서 습관을 계속 이어 갈 수 있는지의 여부는 '호불호'로 정해진
다고 설명했다. 좋아하면 계속하고, 좋아하지 않으면 계속하지 않는
다. 뇌의 구조는 지극히 단순하다. 그래서 습관을 형성할 때 좌절하
지 않으려면 반드시 하고 싶은지, 그렇지 않은지의 감정을 체크해야
한다.

하고 싶다는 생각이 들면 뇌가 설렘을 느껴 즐겁게 계속할 수 있
다. 하고 싶지 않다는 생각이 들면 뇌는 회피하려고 한다. 따라서 자
신의 '호불호' 감정과 솔직하게 마주한 후 하고 싶은 것을 계속하면
된다. 우리는 자기도 모르는 새 '반드시 해야 한다'는 사고에 사로잡
혀 있기 때문이다.

'다이어트 중이니까 단것은 반드시 피해야 해.'

'일기를 쓰기로 했으니까 매일 한 페이지씩은 꼭 써야 해.'

'러닝을 하기로 했으면 매일 30분 이상은 달려야 해.'

우리는 이렇게 '반드시 해야 한다'는 규칙으로 자신을 칭칭 옭아 맨다. 이것이야말로 좌절의 근원이다. '반드시 해야 한다'고 생각할 수록 인간은 스트레스를 느껴 무의식중에 그 스트레스를 발산하려 고 한다. 그리고 뇌는 스트레스를 피하기 위해 욕구를 채우라는 신 호를 보낸다.

그렇게 되면 어떤 일이 일어날까? '다이어트로 스트레스가 쌓였 으니 오늘 하루 정도는 단것을 맘껏 먹자!' 이렇게 되고 만다. 하고 싶지 않은 일을 억지로 하려고 하니 역효과가 난 것이다.

습관을 꾸준히 이어 가려면 '생 각만 해도 하고 싶어서' 설렐 만한 꿈을 가져야 한다. 이것은 앞에서 소개한 '이상적인 자신의 모습'을 명확히 그리는 비결과도 겹친다.

'다이어트에 성공하면 좋아하는 브랜드의 원피스를 입고 싶다.'

'다이어트에 성공하면 남자친구

와 해변에서 당당히 수영복을 입고 싶다.'

이처럼 하고 싶다고 생각하는 것에 초점을 맞추면 뇌는 그 목표에 다가가기 위해 행동한다.

단것을 피해야 한다고 굳이 생각하지 않아도 다이어트를 방해하는 행동은 저절로 피하게 된다. 습관을 만들다가 좌절하지 않으려면 하고 싶다는 감정을 중시하는 것을 잊지 말자.

**수업포인트**

**DAY 028** 반드시 해야 한다고 생각하기보다는 하고 싶다고 생각한다

# 029

## 즉시 찾아오는 악마의 속삭임
자신의 본성을 알 수 있는 절호의 기회

습관을 들이기로 한 지 한 주가 지나고 두 주가 지나 슬슬 자리가 잡히나 보다 싶을 즈음에 찾아오는 것이 있다.

'이렇게 해봐야 무슨 소용이 있겠어?'
'지금 하지 않아도 괜찮지 않을까?'
'바쁘니까 대충해도 돼.'

이런 악마의 속삭임이다. 이 악마의 정체는 다름 아닌 당신의 본성이다. 과거의 습관이 쌓여 만들어진 당신의 본성이 '정말 내가 꿈꾸는 이상적인 내가 될 수 있을까?'라고 스스로 의심하게 만든다.

하지만 이 악마의 속삭임이 나쁜 것만은 아니다. 이 속삭임으로 자신이 지금껏 어떻게 살아왔는지를 알 수 있기 때문이다. "지금 하지 않아도 돼"라는 속삭임이 들린다면, 당신에게는 뭐든 미루는 습관이 있었음을 보여 준다. "바쁘면 대충 해"라는 속삭임이 들린다면, 지금까지 당신은 바쁜 것을 핑계로 뭐든 대충해 왔음을 의미한다.

이렇듯 악마의 속삭임은 지금까지의 자신을 아는 기회이기도 하다. 악마의 속삭임이 들린다면 꼭 습관을 들이기로 한 날 이후의 자신을 돌아보기 바란다. 2주 동안 그 습관을 지속했다면, 그동안 자신의 행동이나 생각을 돌아본 것만으로도 큰 수확이다.

하기로 한 것을 묵묵히 계속해 온 사람, 일단 계속하고는 있지만 행동 하나하나를 적당히 해온 사람, 작심삼일로 끝난 사람 등 똑같은 것을 2주 동안 계속했더라도 사람에 따라 다양한 패턴이 있다.

이 2주 동안의 행동이나 생각이야말로 당신이 지금까지 살아온 인생의 축소판이다. 악마의 속삭임은 성가시고, 때로는 그 속삭임에 현혹되어 정말로 좌절의 문턱에 이를 수도 있다.

하지만 그럴 때야말로 자신의

본성을 알 수 있는 절호의 기회라고 생각하자. 자신의 현재 위치를 아는 데 도움을 준다고 생각하면 악마의 속삭임도 그리 나쁘지만은 않다. 그 속삭임에도 한번 귀를 기울여 보자.

수업포인트

DAY
029

악마의 속삭임이 들린다면 다시금 자신의 본성을 돌아보는 계기로 삼는다

# 030

## 핑계 목록을 만든다
핑계를 종이에 써서 하나씩 줄여 간다

악마의 속삭임과 마찬가지로 습관 형성을 방해하는 기폭제가 되는
것이 핑계다.

'오늘은 추우니까 러닝을 쉬자.'
'어제는 술을 마셨으니까 아침에 일찍 일어나지 않아도 돼.'
'상사가 나한테 화를 냈으니까 이제 인사 안 할 거야.'

이런 식으로 핑계를 대고 습관을 멈추려는 사람이 많다. 사람은
누구나 핑계를 대기 마련이다. 살면서 한 번도 핑계를 댄 적이 없는
사람은 아마 없을 것이다. 핑계하면 안 된다고 말하려는 게 아니다.
그렇게 생각할수록 '반드시 해야 한다'는 사고 패턴에 빠져 불필요

한 스트레스가 쌓일 뿐이다.

그 대신 이것만은 꼭 해보자. 바로 '핑계 목록'을 만드는 것이다. 무심코 내뱉는 핑계나 지금까지 인생에서 핑계를 댔던 기억을 전부 떠올려 종이에 써본다. 그리고 눈에 띄는 곳에 붙인다. 방 벽, 사무실 책상, 수첩 등 어디라도 상관없다.

하루에도 몇 번씩 눈에 들어오는 곳에 핑계 목록을 붙여 두면 '오늘도 이 말을 해버렸네' 하고 확인하면서 동시에 '내일은 그러지 말아야지'라고 강하게 의식할 수 있다. 무심코 핑계를 대더라도 "죄송합니다. 방금은 핑계였습니다", "다음부터는 핑계 대지 않도록 주의하겠습니다"라고 그 자리에서 시정할 수 있다.

이것을 반복하다 보면 확실히 핑계가 줄어든다. '이제 이런 말은 하지 않겠다'고 생각했다면, 하나씩 선을 그어 지워 나가자. 핑계가 줄어드는 게 눈에 보여 꽤 즐거울 것이다.

나도 30여 년 전부터 핑계 목록을 만들고 있다. 맨 처음 핑계를 썼을 때는 무려 400개나 되어 '내가 이렇게 핑계를 많이 대는 사람이었나' 하고 깜짝 놀랐다.

당시에는 회사 관리직으로 근무하고 있어, 핑계 목록을 사무실 책상에

핑계목록
◉ 상사가 나한테 화를 냈으니까 이제 인사 안 할 거야
◉ 오늘은 추우니까 러닝을 쉬자
◉ 어제는 술을 마셨으니까 아침에 일찍 일어나지 않아도 돼

붙여두고 부하 직원들에게 내가 이런 핑계를 대면 주의를 달라고 부탁했다. 이런 식으로 의식하다 보니 그 수가 확연히 줄어들었다. 물론 지금도 핑계가 완전히 사라진 것은 아니다. 그래도 사실은 항상 의식함으로써 핑계만 대던 인생에서 벗어날 수 있었다.

**수업포인트**

**DAY 030** ◇ 핑계를 종이에 전부 써서 의식적으로 줄여 나가자

# 031

## 작심삼일은 나쁘지 않다
### 3일밖에 못한 것이 아니라 3일이나 계속했다

이번 장에서는 습관을 만들기 위한 구체적인 방법을 소개하고 있다. 하지만 습관 형성의 비결이나 포인트를 파악했다고 해도 좀처럼 계속하지 못할 때가 있다. 그러니 작심삼일로 끝났다 하여 자신을 지나치게 나무랄 필요는 없다.

하나의 습관을 시도했다가 좌절했더라도, 또 다음 습관을 만들면 그만이다. 계속하지 못한 것은 단순히 자신과 맞지 않았기 때문이라고 생각하자. 다른 습관이라면 얼마든지 계속할 가능성이 있다고 말이다.

3일 만에 좌절한 경험은 그 자체로 귀중한 노하우가 된다.

'왜 계속할 수 없었을까?'

'다음에는 어떻게 하면 계속할 수 있을까?'

이런 점들을 분석하면 다음 습관을 만들어 계속해 나가는 데 유익한 데이터가 된다. 습관이 형성될 때까지 계속 도전하다 보면 실패라는 단어는 인생에서 사라진다. 다시 도전하지 않는 것이야말로 진정한 실패다. 작심삼일이어도 다시 시작할 수 있다고 생각하면 언제든 습관을 만들 수 있다.

작심삼일은 3일밖에 못 한 게 아니라 3일이나 계속했다는 뜻이다. 그 사실만으로도 자신을 칭찬해 주자. 한번 좌절했더라도 다른 습관을 만들어 보려는 시도는 가능하다. 3일을 계속하고 다음 이틀은 쉬었어도, 6일째부터 다시 시도했다면 훌륭하다.

물론 쉬지 않고 쭉 계속하면 좋았겠지만, 쉬었더라도 아무것도 하지 않는 것보다는 한두 걸음 앞서 있다. 오히려 도중에 쉬다가 다시 새로 시작하는 쪽이 더 어렵다. 캐스터네츠를 계속 치는 것보다 리듬에 맞춰 쉬었다가 쳤다가 또 쉬었다가 치는 쪽이 더 어려운 것과 마찬가지다. 중간에 쉬었더라도 계속했다면 스스로 칭찬을 아끼지 않는다.

3일이라도 계속한 경험이 있다면 할 수 있다는 자신감이 붙는다. '이전에 다이어트를 했을 때는 3일 만에 1kg이 줄었으니, 한 달 동안 계속하면 3kg는 충분히 줄일 수 있을 거야'라고 생각하게 된다. 그런 경험을 쌓으면 다음에 정말 다이어트를 해야 할 상황이 찾아왔을 때 자신 있게 시도할 수 있다. 작심삼일 경험은 습관을 만들어 주는 좋은 스위치다. 더 이상 작심삼일이 되는 것을 두려워 말고 계속 새로운 습관에 도전해 보자.

수업포인트

**DAY 031** ◇ 작심삼일을 두려워 말고 계속 도전해 보자

# 032

# 성공분기점을 넘기면 꿈꾸던 모습에 가까워진다
꾸준히 계속하면 어느 순간 쑥쑥 성장한다

습관에 관한 세미나에서 자주 듣는 질문이 있다. "얼마나 계속해야 꿈꾸던 모습처럼 될 수 있을까요?"라는 질문이다. 이 질문에 나는 항상 이렇게 답한다.

"사람마다 다릅니다."

무책임해 보일 수 있지만, 그것이 진실이다. 습관을 꾸준히 이어왔다고 해서 그 시간만큼 계속 성장하는 건 아니다. 시작하고서도 꽤 오랫동안 성장을 전혀 실감하지 못할 수도 있다. 혹은 시작 무렵에는 일정 기간 반응이 있다가 도중에 성장이 멈춘 듯한 느낌이 들 때도 있다. 그럴 때 또다시 악마의 속삭임이 다가온다.

'그래 봤자 다 헛일이야.'

'네가 바라는 이상적인 모습은 절대 될 수 없어.'

하지만 그 말에 넘어가 습관 형성을 멈추면 성장도 완전히 멈춘다. 이상적인 자신의 모습과는 영원히 멀어진다.

그러나 '무엇을 위해서'라는 목적이 명확하고, 뭔가를 이루어 누군가를 기쁘게 해주고 싶다는 생각이 있다면 자신의 성장을 믿고 기쁜 마음으로 계속할 수 있다. 그러다 보면 어느 순간 불쑥 자신의 성장을 실감할 수 있는 순간이 찾아온다. 이것이 '성공분기점'이다.

영어 공부 후기를 보면 "처음에는 원어민의 말을 전혀 알아듣지 못했는데, 그래도 몇 개월을 계속 들었더니 어느 순간 귀가 뜨이기 시작했다"는 에피소드가 빠지지 않고 등장한다. 이러한 현상은 어떤 습관에서든 일어난다.

성장 그래프는 성공분기점에서 단번에 급커브를 그리며 상승해 가는 모습을 나타낸다. 이 분기점을 넘어서면 얼마 되지 않아 이상적인 모습에 가까워진, 자신 혹은 이상적인 모습이 된 자신을 느낄 수 있는 순간이 찾아온다.

다만, 성공분기점에 이르는 순간까지는 자신의 성장을 실감하지 못하는 시기가 길어질 수도 있다는 점을 잊지 않기 바란다. 그래도 꾸준히 노력한 사람만이 꿈을 이룰 수 있다.

습관이란 즉시 결과를 내는 것이 아니다. 그렇지만 계속하다 보면

분명 당신이 그리는 이상적인 모습에 다가갈 수 있다. 당신은 습관
이 가진 힘을 믿기만 하면 된다. 그렇게만 한다면 당신이 그리는 이
상적인 자신의 모습도, 이상적인 인생도 실현할 수 있을 거라고 내
가 약속한다.

수업포인트

**DAY 032** 성공분기점에 이를 때까지 습관이 갖는 힘을 믿고 계속 하자

# 4장

## 뇌의 힘으로
## 초강력 습관을
## 만든다

# 033

## 오래 계속하는 습관은 이렇게 만든다

입력습관, 언어습관, 사고습관, 행동습관, 이 각각의 역할을 숙지한다

지금까지 여러 차례 설명했듯이 뇌와 습관에는 강한 연관성이 있다.

'뇌는 즐거운 일은 계속하고 즐겁지 않은 일은 계속하지 않는다.'

'뇌는 과거의 기억을 바탕으로 어떤 일이 유쾌하다고 판단하면 접근반응을 일으키고 불쾌하다고 판단하면 회피반응을 일으킨다.'

'우뇌에서 미래의 이미지를 그리면 좌뇌의 기억에 휘둘리지 않고 어느 정도 견딜 수 있어 어떤 일이든 계속할 수 있다.'

이러한 뇌의 성질을 자기편으로 만드는 것이 습관 형성의 비결이다. 이번 장에서는 뇌와 습관의 연관성을 더 파고들어, 뇌의 성질을 이용하여 좌절하지 않는 강력한 습관을 만드는 노하우를 소개한다.

그 전에 먼저 습관에는 종류가 있다는 사실을 알아 둘 필요가 있다. 일반적으로 '습관'은 다음 네 가지 분야별 습관의 연속으로 이루어진다.

- **입력습관**(어떻게 받아들일까): 외부에서 들어온 정보를 보고, 듣고, 느끼고, 이해한다

- **언어습관**(어떻게 언어화할까): 입력으로 얻은 정보의 이미지를 언어로 전환한다

- **사고습관**(어떻게 사고할까): 언어를 바탕으로 생각한다

- **행동습관**(어떻게 행동할까): 사고를 행동으로 옮긴다

또 사고습관에는 확신습관(확신할 수 있는가, 없는가)과 착각습관(좋은 고정관념인가, 나쁜 고정관념인가)이 포함된다. 우리가 습관이라고 부르는 것은 이 네 가지 중 대부분 행동습관에 해당한다. 일찍 일어나기, 신발 가지런히 놓기, 일기 쓰기 같은 습관은 모두 '어떻게 행동할까'이다. 하지만 어떤 일이 행동으로 나타나기 전에 먼저 '어떻게 받아들일까', '어떻게 언어화할까', '어떻게 생각할까'의 과정을 거쳐야 한다.

따라서 행동습관을 바꾸려면 그 전에 입력습관, 언어습관, 사고습관을 바꿀 필요가 있다. 또한, 착각습관으로 고정관념의 힘을 이용하여 '나는 할 수 있다'라는 확신습관을 익힘으로써 강력한 행동습관을 만들 수 있다. 이러한 습관을 의식화하지 않으면 행동습관도 얼마 가지 않아 꺾이기 쉽다. 물론 행동습관부터 바꾸는 방법도 있다. 3장에서 소개한 '먼저 작은 습관부터 시작하는 것'이다. 단, 이 경우도 다음과 같은 과정을 거치지 않으면 일단 시작한 행동을 지속할수 없다.

→ 행동으로 무엇을 보고 듣고 느꼈는가?(입력습관)
→ 행동으로 입력된 것을 어떻게 머릿속에서 언어화하거나 말로 했는가?(언어습관)
→ 행동 이후, 사고방식은 어떻게 바뀌었는가?(사고습관)

이 입력습관, 언어습관, 사고습관의 형성에는 뇌의 성질이 큰 영향을 미친다. 먼저 그 점을 명확히 이해하고 넘어가자.

수업포인트

DAY
033

행동습관을 바꾸기 전에 입력습관, 언어습관, 사고습관을 바꾸자

# 034

## 습관 형성의 열쇠는 뇌의 스피드에 있다

입력에서 사고까지는 고작 0.5초

앞서 습관이 만들어질 때는 입력습관 → 언어습관 → 사고습관의 과정을 거친다고 설명했다. 그렇다면 정보를 받아들인 후 사고가 완성되기까지의 시간은 얼마나 걸릴까? 고작 0.5초다. 오감을 통해 정보를 받아들이면 0.1초 후 뇌의 대뇌신피질大腦新皮質에 도달한다. 대뇌신피질은 '지성뇌'라 불리며 사물을 인지하는 역할을 담당한다. 3장에서 설명한 우뇌와 좌뇌도 이 부분에 있다. 예를 들어, 밖에서 비가 내리기 시작하면 '주룩주룩' 하는 소리가 뇌에 입력되면서 비가 내린다고 순식간에 인지한다.

인지한 결과는 즉각 뇌의 대뇌변연계大腦邊緣系에 이른다. 대뇌변연계는 '감정뇌'라 불리며 희로애락을 판단하는 역할을 담당한다. 2장에서 설명한 편도핵도 여기에 있다. 감정뇌는 0.4초만에 과거 기억을 검색하여 입력에 어떤 의미가 있는지를 판단한다. 그렇게 해서 수신 0.5초 후에는 편도핵이 '유쾌함 혹은 불쾌함'을 판단하여 '호불호'의 사고가 완성된다. 예를 들어, 비를 인지한 후, 과거에 흠뻑 젖었던 기억을 찾아낸다면 비는 차갑고 축축해서 싫다는 생각이 앞서는 것이다.

즉, 우리 뇌는 0.1초에 정보를 인지하고 0.4초에 데이터를 조합해 0.5초만에 결론을 내리는 경이로운 스피드로 사고를 완성한다.

# 035

## 우리의 뇌는 순식간에 부정적 사고를 완성한다
### 부정적 사고에 잠식당한 사람을 기다리는 것은 좌절뿐이다

여기서 큰 문제가 발생한다. 검색된 기억에는 긍정적 데이터보다 부정적 데이터가 훨씬 많기 때문이다. 2장에서 설명한 대로 우리의 뇌는 부정적 감정일수록 잘 기억한다. 그래서 편도핵이 '유쾌함 혹은 불쾌함'을 판단할 때도 부정적 기억을 먼저 검색한다.

이를테면, 우리의 뇌 속에 거대한 붙박이장이 있는데 위 서랍에는 부정적 기억이, 아래 서랍에는 긍정적 기억이 담겨 있다고 상상해 보자. 긍정적 기억보다 부정적 기억이 압도적으로 많기 때문에 위에서부터 순서대로 서랍을 열어 가다 보면 계속 부정적 기억만 나오고, 아래에 있는 긍정적 기억에는 좀처럼 이르지 못한다. 따라서 과거 기억을 검색할 때도 부정적 기억을 먼저 끄집어내게 된다. 그 결과, 편도핵이 대부분의 일을 '불쾌함'이라고 판단하여 '할 수 없다', '힘들다'라는 부정적 사고가 생겨난다.

하물며 이 부정적 사고가 만들어지기까지의 시간은 겨우 0.5초. 정말 순식간이다. 아무것도 의식하지 않고 있으면 우리는 부정적 사고를 멈출 수 없다. 부정적 사고를 근거로 행동해서는 무슨 일이든 해내기 어렵다. '난 할 수 없어'라고 생각하는 사람은 할 수 없는 행동만 하게 되기 때문이다. 습관을 꾸준히 이어 가지 못하는 이유는 뇌가 부정적 사고를 계속 만들어 내기 때문이다.

수업포인트

**DAY 035**

아무것도 의식하지 않으면 자연스럽게 부정적 사고에 빠진다

# 036

## 긍정적 출력을 늘려 뇌를 긍정으로 이끈다

뇌는 입력보다 출력을 신뢰한다

사고나 행동을 긍정적으로 바꿀 수는 없을까? 물론 쉽지 않은 일이다. 하지만 뇌의 또 다른 성질을 이용하면 가능하다. 바로 입력보다 출력을 신뢰한다는 성질이다.

뇌에 생각이나 이미지를 입력하면 말이나 동작, 표정이 출력된다. '난 못해', '하고 싶지 않아' 같은 부정적 생각을 입력하면 '어차피 안돼', '더는 무리야' 같은 말이나 낙담하는 동작, 풀죽은 표정이 출력된다.

부정적 사고를 멈추기 어려워 어쩔 수 없이 부정적으로 입력하는 경우도 있다. 이럴 때 우리가 할 수 있는 일이 한 가지 있다. 바로 출력을 바꾸는 것이다. 사고는 바꿀 수 없어도 말이나 동작, 표정은 바꿀 수 있다.

상사가 당신에게 어려운 일을 지시했다고 하자. 그때 당신이 순간적으로 '하기 힘들 것 같아'라고 생각하는 것은 뇌의 특성상 어쩔 수 없다. 그러나 그 생각을 그대로 말하지 않고 거짓이라도 좋으니 "네, 해보겠습니다"라고 할 수는 있다.

앞서 설명했듯이 뇌는 입력보다 출력을 믿는다. 따라서 '못할 것 같아'라는 생각보다 "해보겠다"고 한 말을 곧이곧대로 믿는다. 그리고 과거 데이터로부터 어떻게든 해냈던 기억을 찾아낸다.

'똑같은 일을 해냈던 적이 있다', '이런 방법으로 목표를 달성한 적이 있다'와 같은 데이터를 찾아낸다면 어려운 일이라도 시도해 볼 수 있다.

게다가 뇌는 입력과 출력의 사이클로 강화되는 구조다. 설령 부정적 정보가 입력되어도 출력 단계에서 긍정적으로 변환하면 '출력 → 입력 → 출력'을 반복하면서 뇌가 긍정적으로 강화된다. 따라서 말이나 동작, 표정을 긍정적으로 바꾸어 그것을 반복하면 어떤 상황에서도 '나는 할 수 있다', '더 해보고 싶다'라고 생각하는 뇌로 바뀌게 된다.

입력습관이란, 단순히 '무엇을 받아들일까'만을 의미하지 않는다. 입력 후 '어떻게 출력할까'까지가 입력습관이다. 좋은 습관을 익히고 싶다면 먼저 긍정적 출력을 늘려 뇌의 입력과 출력 관계를 강화하는 방향으로 입력습관을 바꾸어 보자.

**DAY 036** 일단 "네, 해보겠습니다"라고 말해서 긍정적 출력을 늘린다

# 037

## 만능 문구를 만들어 순식간에 출력한다
0.2초 전에 행동하여 뇌가 부정적 기억을 검색할 틈을 주지 않는다

출력을 바꾸기 위해 유의해야 할 점이 있다. 순식간에 출력해야 한다는 점이다. 상사에게 지시를 받았다면 그 즉시 "네, 하겠습니다"라고 대답한다. 어떻게 대답할지 생각할 틈을 주면 안 된다. 0.5초가 지나면 부정적 사고가 완성되기 때문이다.

앞서 말한 대로 뇌는 0.1초에 정보를 인지하고 0.5초에 호불호를 판단한다. 즉 0.1초가 지나면 과거의 부정적 기억을 검색하는 작업에 들어가 버린다. 따라서 그 전에 "네, 해보겠습니다"라고 먼저 말하는 것이 중요하다.

정보를 받아들인 뒤 0.2초 이내에 출력하면 뇌에 과거 기억을 검색할 틈을 주지 않을 수 있다. 즉, 언어습관을 바꾸면 결과적으로 입력습관도 바뀐다. 하지만 전혀 의식하지 않고 0.2초 만에 언어를 출

력하기는 어렵다. 따라서 즉시 사용할 수 있는 '만능 문구'를 만들어 둔다. 어떤 말을 할지 미리 정해놓으면 즉시 출력이 가능하다.

앞서 예로 든 "네, 해보겠습니다"라는 말은 내가 추천하는 만능 문구다. 상사가 일을 시키면 "네, 해보겠습니다"라고 답한다. 팀 리더로 지명당해도 "네, 해보겠습니다"라고 답한다. 수업 중에 "누가 이 문제를 풀어 볼 사람?"라는 질문에도 "네, 해보겠습니다"라고 답한다. 이처럼 "네, 해보겠습니다"라는 말은 어떤 상황에서도 사용할 수 있는 만능 문구다.

이 만능 문구의 포인트는 '할 수 있다'가 아니라 어디까지나 '해보겠다'는 데 있다. 해보겠다는 것은 도전한다는 의미이므로 도중에 모르는 게 있거나 혼자 하기 힘든 경우가 생겨도 거짓말이 되지 않는다. 그럴 때는 상사에게 조언을 구하거나 팀 멤버에게 협조를 구하면 된다.

당신이라면 누군가에게 일을 부탁했을 때 즉시 "네, 해보겠습니다"라고 답하는 사람과 "힘들 것 같습니다"라고 말하는 사람 중 누구에게 호감이 가겠는가? 틀림없이 전자일 것이다. "네, 해보겠습니다"라는 말은 당신의 평가를 높여 누구에게나 호감을 얻는 사람으로 만들어 줄 것이다.

물론 다른 말이라도 상관없다. "이건 기회야", "이런 행운이", "내

세상이 될 거야"처럼 힘이 나는 말이라면 뭐든 상관없다. 이런 만능 문구를 만들어 사용하면 뇌는 곧이곧대로 '기회가 왔다', '행운이 찾아왔다', '능력을 발휘할 때다'라고 믿어 준다.

무심결에 부정적인 말을 했다면 즉시 "그러니까 …"라고 하면서 말을 이어 가자. "힘들어 보이지만 제가 한번 해보겠습니다." 이런 식으로 즉시 긍정적인 출력으로 전환할 수 있다.

만능 문구를 만들기 위해 '상황별 시트'를 만드는 방법도 추천한다. 아침에 일어났을 때는 이 말, 일을 시작하기 전에는 이 말, 귀가하면 이 말, 자기 전에는 이 말, 이렇게 하루 중 다양한 장면을 떠올리며 어떤 말을 할지 종이에 써둔다.

이 말을 실제로 매일 해보면 뇌는 점점 긍정적인 쪽으로 세뇌당한다. 그 자리에서 즉시 미리 만들어 둔 만능 문구를 사용하는 것, 이것이 입력습관을 바꾸는 비결이다.

수업포인트

DAY
037

만능 문구를 만들어 매일 말하면 뇌는 점점 긍정적인 방향으로 세뇌당한다

# 038

# 말의 의미를 변환하여 생각을 바꾼다
공부는 성장으로, 케이크는 지방 덩어리로 변환한다

또 한 가지, 언어습관으로 입력습관을 바꾸는 방법이 있다. 말의 의미를 바꾸는 방법이다. 편도핵이 어떤 일을 '유쾌함'이라고 판단하면 접근반응을 일으키고 '불쾌함'이라고 판단하면 회피반응을 일으킨다는 설명은 이미 했다.

계속하고 싶은데 그렇게 하지 못하는 습관은 뇌가 회피반응을 일으켰기 때문이며, 끊고 싶은데 끊지 못하는 습관은 뇌가 접근반응을 일으켰기 때문이다.

이 말은 곧 회피반응과 접근반응을 바꾸면 계속하고 싶은 습관은 계속하고, 끊고 싶은데 그렇게 못한 습관은 끊을 수 있다는 의미다. 말의 의미를 바꾸는 방법이 이것을 가능하게 한다.

예를 들어, '공부'라는 말을 입력하면 뇌가 과거 기억으로부터 공부는 힘들다는 데이터를 끄집어내어 공부를 '불쾌함'이라고 판단하는 사람이 있다고 하자. 그렇다면 '공부'를 '성장'이라는 말로 바꿔 보면 어떨까? 공부는 싫어해도 성장을 싫어하는 사람은 별로 없다. "지금부터 공부하자"라고 하지 않고 "지금부터 성장하자"라고 말하면, 뇌가 접근반응을 일으켜 공부할 마음이 생긴다.

이와 반대로, 케이크라는 말을 입력하면 뇌가 과거 기억에서 케이크는 맛있다는 데이터를 끄집어내어 '유쾌함'이라고 판단하는 사람이 있다고 하자.

만일 이 사람이 다이어트를 한다면 케이크는 삼가야 한다. 이럴 때는 '케이크'라는 말을 '지방 덩어리'로 바꾸어 본다. 케이크는 좋아해도 지방 덩어리를 좋아하는 사람은 없을 것이다. "지금 나는 케이크를 먹는다"가 아니라 "지금 나는 지방 덩어리를 먹고 있다"라고 말하면 뇌가 회피반응을 일으켜 케이크를 멀리할 수 있다. 또 이런 데이터가 쌓이다 보면 나중에는 의식하지 않아도 자연스럽게 케이크를 보면 '지방덩어리'라는 말이 떠

지금 나는 지방 덩어리를 먹고 있다

올라 회피반응이 유도된다.

이처럼 말의 의미를 바꾸면 뇌는 순진하게 속아 넘어가 준다. 회피반응과 접근반응을 바꾸고 싶다면 말의 의미를 살짝 바꾸어 뇌가 반대로 반응하게 만들어 보자.

**수업포인트**

DAY
**038**

"지금부터 공부하자"가 아니라 "지금부터 성장하자"라고 말해 보자

# 039

# 만능 포즈와 미소로 뇌의 긍정적 힘을 강화한다
만능 포즈와 미소로 뇌를 속인다

말뿐만 아니라 동작이나 표정도 출력이다. 따라서 동작이나 표정을 긍정적으로 바꾸는 것도 좋은 입력습관으로 이어진다. 이때는 '만능 문구'와 마찬가지로 '만능 포즈'를 만드는 것이 효과적이다.

예를 들면, 파이팅 포즈는 아주 좋은 만능 포즈다. 시험 삼아 주먹을 불끈 쥔 채 파이팅을 외쳐 보자. 주먹을 불끈 쥔 채 '난 안 돼', '할 수 없을 것 같아' 같은 생각을 하기는 어렵다. 불끈 쥔 주먹에 힘을 주면 저절로 '할 수 있어', '그래, 해보는 거야' 같은 말이 머리에 떠오르거나 입 밖으로 나올 것이다. 무슨 일이 있을 때마다 이 만능 포즈를 취하면 뇌도 그 출력을 믿고 긍정적 사고를 완성한다.

운동선수가 시합 중에 종종 파이팅을 외치는 것은 뇌의 구조 차원에서 매우 논리적인 행동이다. 반대로 고개를 숙이거나 머리를 싸매는 행동은 부정적 출력이다. 그 포즈를 취한 순간, 뇌는 '더는 안 돼', '할 수 없어'라고 굳게 믿는다.

2018년 월드컵 때, 일본은 벨기에와의 경기에서 먼저 두 골을 넣었지만, 시합 종료를 얼마 안 남겨 두고 연속 세 골을 빼앗겨 대역전패를 당했다. 벨기에에 한 골을 빼앗긴 시점에 일본 선수들은 손뼉을 치거나 서로 어깨를 두드리는 등 '아직 괜찮아. 할 수 있어'라고 긍정적 출력을 하고 있었다.

하지만 두 번째 골을 빼앗겼을 때는, 대부분 고개를 숙이거나 머리를 싸매는 것과 같은 부정적 출력을 하고 말았다. 그 결과, 선수들의 몸놀림이 눈에 띄게 둔해지면서 소극적인 플레이가 나왔다. 결국, 마지막 세 번째 골을 빼앗기면서 역전을 허용하기에 이르렀다.

두 번째 골을 빼앗겼을 때도 손뼉을 치거나 어깨를 두드리는 등 파이팅 포즈를 취했더라면 뇌는 아직 충분히 잘할 수 있다고 믿었을 것이다. 중요한 건 실제로는 일이 잘되지 않더라도 뇌를 긍정적으로 이끄는 파이팅 포즈를 취해 보는 것이다. 그래야 항상 긍정적 사고를 할 수 있다.

메이저리거 이치로 선수는 타석에 들어설 때 항상 같은 포즈를 취하는데 그것이 그만의 파이팅 포즈다. 야구는 아무리 우수한 선수라도 열에 일곱은 실패가 예정된 스포츠다. 예를 들어, 3할대 타자라도 안타보다 삼진이나 땅볼이 압도적으로 많다. 그러나 이치로 선수는 안타를 치든 삼진을 당하든 다음 타석에서 반드시 같은 포즈를 반복한다. 이전 타석에서 삼진을 당했더라도 안타를 쳤을 때와 똑같은 포즈를 취하니까, 뇌는 분명 앞 타석에서 안타를 쳤을 거라고 믿는다. 그리고 이번에도 안타를 쳐보자는 긍정적 사고가 가능해진다.

회사에서 일하는 사람이라면 '파이팅 포즈' 같은 만능 포즈를 만들어 화장실에 갈 때마다 해보자. 자리로 돌아오면 온 힘을 다해 일에 몰두할 수 있을 것이다.

또 한 가지, 표정도 긍정적 출력을 할 수 있도록 유의한다. 방법은 간단하다. 항상 입꼬리를 올리면 된다. 입꼬리가 올라가는 것은 좋은 일이 있을 때. 기쁘거나 즐겁거나 맛있거나 하는 감정이 생겼을 때 사람은 저절로 입꼬리가 올라가 미소를 짓는다. 따라서 즐거운 일이 없어도 의식적으로 입꼬리를 올리면 뇌는 '뭔가 좋은 일이 있구나!' 하고 믿게 된다.

표정 근육과 뇌는 직결되어 있어 일부러 짓는 미소라도 뇌는 순진하

게 속아준다. 힘들거나 괴로울 때일수록 입꼬리를 쫙 올려 뇌를 긍정적 사고로 이끄는 습관을 익히도록 한다.

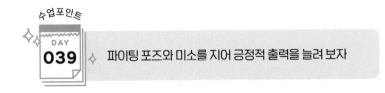

수업포인트

DAY
039 ✦ 파이팅 포즈와 미소를 지어 긍정적 출력을 늘려 보자

# 040

## 긍정적 출력으로 바꾸는 비장의 무기
'기쁨, 즐거움, 행복' 트레이닝으로 당연함을 고마움으로 바꾼다

입력습관을 바꿔야 한다고 해도, 처음에는 과거 부정적 데이터에 이끌려 말이나 동작을 바꾸지 못하는 사람이 많다. 그런 사람에게 출력을 긍정적으로 바꾸는 좋은 방법을 소개한다. 그날 하루 느꼈던 기쁨, 즐거움, 행복을 써보는 것이다. 쓰는 동작도 출력이므로 매일 계속하면 출력 강화 트레이닝이 된다.

구체적으로는, 하루를 돌아보고 출퇴근 시간의 기쁨, 직장에서의 즐거움, 가정에서의 행복, 이 세 가지를 노트에 쓴다. 아무리 작고 사소한 일이라도 괜찮다. 평소 당연하게 생각해 그냥 지나쳤던 일도 돌아보면 세상에 저절로 된 일은 없었음을 알게 된다. 일상에서 좋았던 점에 눈을 돌려보면 아마 이런 것들을 쓸 수 있지 않을까?

• **출퇴근 시간의 기쁨**

→ 지하철이 제시간에 왔다

→ 승강장이 깨끗해서 기분이 상쾌했다

→ 회사까지 걸어가는 길에 예쁜 꽃이 피어 있었다


• **직장에서의 즐거움**

→ 오늘도 팀 전원이 건강하게 회사에 출근했다

→ 출장 선물을 가져갔더니 모두 기뻐했다

→ 누군가 책상을 깨끗하게 닦아 놓았다


• **가정에서의 행복**

→ 집에 들어가니 아내가 따뜻한 목욕물을 받아 놓았다

→ 내가 좋아하는 저녁 메뉴가 나왔다

→ 아이의 잠든 얼굴이 귀여웠다

어떤가?

무엇 하나 좋은 일이 없었던 날도 되돌아보면 기쁘고 행복했던 하루였음을 깨달을 것이다. 매일 이렇게 쓰다 보면 모든 일에서 긍정적인 면을 바라보는 힘이 생긴다. 이 트레이닝을 계속하다 보면 이 세상에 당연한 것은 없음을 새삼 깨닫는다. 지금까지 지하철이 제시간에 오고 역이 깨끗한 것이 당연하다고 생각했던 사람도, 지하철이 제시간에 온 것은 사고가 없었기 때문이며 역이 깨끗한 것은 청소하는 분들의 노고가 있었기 때문임을 자각한다.

회사 직원들이 출근하는 것과 집에 가면 저녁 밥상이 차려져 있는 것이 당연하다고 생각했던 사람 역시, 아무도 병이나 사고 없이 잘 출근해서 다행이라는 생각과 저녁 밥상을 차려 줘서 고맙다는 마음이 생긴다. 즉, 지금까지 당연하다고 생각했던 것들이 실은 얼마나 행복한 것들이었는지 실감할 수 있다.

이런 방식으로 뇌에 긍정적 정보가 입력된다. 무심결에 부정적인 말이나 행동을 하게 되는 사람은 '긍정적 출력 → 긍정적 입력'의 사이클을 유지하여 입력습관을 확실하게 바꿔 나가도록 하자.

수업포인트
DAY
040
출퇴근 시간의 기쁨, 직장에서의 즐거움, 가정에서의 행복을 매일 써보자

# 041

## 뇌에서 부정적인 것들이 사라진다!

잠자기 전 10분만 투자하면 상쾌한 아침을 맞을 수 있다

아무리 긍정적 출력을 하려고 해도 도저히 의욕이 나지 않거나 초조해서 미소를 짓지 못하는 날도 있다. 사람이라면 어쩔 수 없이 그런 부정적 감정에 휘둘린다.

하지만 그 감정을 다음 날까지 끌고 가지 않는 것이 중요하다. 그래서 추천하는 것이 '클리어링Clearing'이다. '클리어링'은 이름 그대로 오늘의 감정을 일단 '클리어'함으로써, 고민이나 우울함으로 뇌를 복잡하게 두지 않고, 그날 중에 뇌를 깔끔하게 정리하는 것이다. 용어는 생소하겠지만 실행 방법은 매우 간단하다. 자기 전에 다음 세 가지를 쓰기만 하면 된다.

(1) 오늘 잘한 점

(2) 오늘 개선할 점

(3) 다음 날 대책과 결의

세 번째 '다음 날 대책과 결의'는 '무엇무엇을 하고 싶다'가 아니라 '무엇무엇을 한다'라고 단정적으로 쓴다. 이로써, 좋았던 점에 눈을 돌릴 수 있음과 동시에 나빴던 점을 어떻게 개선할지 생각하는 습관이 붙는다.

일이 잘 안 풀렸다고 반성만 하고 끝내면 부정적 사고에 빠지기 쉽다. 하지만 개선해야 할 점을 안다면 "내일은 이렇게 한다"라는 결심을 말로 표현하여 긍정적 출력이 가능하다. 입력습관을 바꾸려면 반성이 아닌 분석이 필요하다.

여기에서 포인트는 부정적 감정이 강한 때일수록 잘했던 점을 많이 쓰고, 긍정적 감정이 강할 때일수록 개선할 점을 많이 쓰는 것이다. 스포츠 선수라면 중요한 순간에 실책을 범한 날이야말로 잘했던 점을 많이 찾는 게 중요하다. 잘했던 점을 의식적으로 찾지 않는다면, 실책을 범했다는 기억에 계속 지배당하기 때문이다.

예를 들어, '실책을 범한 것은 발이 움직이지 않았기 때문'이라고 개선할 점을 명시한 후 '내일은 팀 동료들보다 일찍 훈련장에 가서 공들여 발 스트레칭을 한다'와 같은 대책과 결의를 쓸 수 있다면, 다음 날 긍정적으로 행동할 수 있다.

반대로 자신의 활약으로 시합에서 이겼다 싶은 날에는 가능한 한 개선점을 많이 쓴다. 설령 시합에서 이겼어도 더 나은 플레이를 위해 할 수 있는 것은 많다. 그런 생각을 하지 않고 이겨서 좋았다고 끝내면, 다음 날에는 실수나 과실을 범할지도 모른다. 과거 기억에 좌지우지되지 않고 안정된 하루하루를 보내려면 어떤 하루였든 간에 잘한 점과 개선할 점을 모두 생각해야 한다.

이 '클리어링'은 반드시 자기 전에 한다. 왜냐하면, 취침 전 10분이 뇌의 골든타임이기 때문이다. 우리의 뇌는 자는 동안 하루의 기억을 비디오테이프처럼 말아서 다음 날 아침에 눈을 뜨면 재생하기 시작한다. 따라서 좋지 않은 기분 그대로 잠들어 버리면, 다음 날도 좋지 않은 기분으로 시작하게 된다.

하지만 자기 전에 '내일은 누구보다 일찍 훈련장에 가서 스트레칭을 해야겠다'라고 쓰면, 다음 날 일어나는 즉시 '누구보다 일찍 훈련장에 가서 스트레칭을 해야겠다'라는 생각이 들고 실제로도 행동에 옮길 수 있다.

기분이 찌무룩한 날일수록 반드시 잠자기 전 10분 동안 '클리어 링'을 해보자. 그렇게 긍정적 출력을 반복하다 보면 어느 순간 입력 습관이 바뀌어 가고 있음을 실감할 것이다.

수업포인트

DAY
041

일이 잘 풀리지 않았던 날일수록 잘했던 점을, 잘 풀렸던 날일수록 성장 과제를 찾자

## 042

# 뇌를 설레게 할수록 습관은 더 견고해진다

진심으로 설렐 만한 미래의 꿈을 그린다

지금까지 습관을 꾸준히 이어갈 수 있느냐 없느냐는 뇌의 '호불호'로 결정된다고 반복해서 설명했다. 뇌가 즐겁다고 느끼면 계속할 수 있고, 즐겁다고 느끼지 않으면 계속하기 어렵다. 그렇다면 뇌를 설레게 하는 사고습관을 만들자.

뇌를 설레게 하는 방법은 간단하다. 설렐 만한 미래의 꿈을 그리면 된다. 3장에서 이야기했듯이 좌뇌의 기억에 지배당하지 않으려면 우뇌에서 선명한 미래 이미지를 그릴 필요가 있다.

우리의 뇌는 그냥 두면 부정적 기억을 발빠르게 검색하여 '할 수 없어', '더 이상은 못해'라고 스스로 한계를 정한다. 과거의 경험이 만들어 낸 부정적 사고습관이 다음 단계에서 어떤 행동습관에 제동을 걸어 버리기 때문이다. 하지만 설렐 만한 미래를 그리면 그 제동을 피할 수 있다.

유감스럽게도 최근에는 젊은 세대 중에도 별다른 꿈이 없는 사람이 늘고 있다. 꿈꾸는 것은 고사하고 꿈 이야기 자체를 냉소적으로 보는 시선도 있는 듯하다. 그러나 이는 뇌의 측면에서 가장 나쁜 사고습관이다.

지금 당장 꿈이 없다고 해도 괜찮다. 누구에게나 하고 싶은 것, 원하는 것을 알지 못하는 시기가 있기 마련이다. 문제는 꿈을 찾으려는 시도조차 하지 않는 태도다. 꿈을 찾기를 포기하면 평생 뇌를 설레게 할 수 없다.

만일 꿈이 보이지 않는다면 꼭 이미지 트레이닝을 해보자. 트레이닝이라고 해도 전혀 어렵지 않다. 다음 순서대로 미래를 그리기만 하면 된다. 포인트는 '이걸 해내면 어떠어떠할거야'라는 꿈부터 그리는 것이다. 처음부터 '꼭 해보고 싶다', '나라면 할 수 있다'라는 생각을 하지 않아도 괜찮다. '해볼까', '이걸 해낸다면 엄청날 거야'라고 떠올리는 것부터 시작하면 그리 어렵지 않다.

(1) 꿈꾸는 나의 모습을 그린다

'이걸 해낸다면 엄청날 거야', '이런 도전을 한다면 멋질 거야'라고 생각하는 것을 구체적으로 상상한다.

(예: 영업실적 1위가 된다면 멋질 거야.)

### (2) 꿈꾸던 내가 되어 있는 모습을 구체적으로 떠올린다

'이걸 한다면 즐거울 거야', '이런 결과를 낸다면 기쁠 거야'라고 생각하는 것을 상상한다.

(예: 영업실적 1위로 동료들의 부러움과 후배들의 존경을 받는다면 기쁠 거야.)

### (3) 타인을 기쁘게 하는 모습을 떠올린다

이상적인 자신이 된다면 누가 어떤 식으로 기뻐해 줄지 떠올린다.

(예: 영업실적 1위가 되면 팀장님이 "팀 매출이 저조해서 고민했는데 자네가 우리 팀을 살렸어!"라고 기뻐해 줄 거야.)

### (4) 꿈꾸던 내가 되기까지의 문제점을 생각해 본다

이상적인 자신이 되기 위해 완수해야 할 과제나 문제점을 생각한다. 단, 뇌는 과거 기억과 연결하여 '이대로는 안 되겠다'라는 부정적 사고를 하기 쉬우므로, 이 단계에서는 '~거야'가 아닌 '반드시 할 수 있다', '당연히 할 수 있다'라는 이미지로 전환한다.

(예: 영업실적 1위를 달성하려면 신규고객을 10명 더 모집해야 하는데 나라면 반드시 할 수 있어.)

**(5) 꿈꾸던 내가 되어 기뻐하는 모습을 명확하게 상상한다**

이 단계에서는 '꿈꾸던 내가 되고 싶다'가 아니라 '꿈꾸던 내가 되었다'는 전제로 기뻐하는 자신의 모습을 명확히 떠올린다.

(예: 영업실적 1위로 사내 표창도 받았고 가족과 기쁨을 함께 할 수 있어 정말 행복하다.)

이처럼 처음에는 '~거야'로 시작하여 (4)단계에 오면 '당연히 할 수 있다'는 강력한 이미지로 전환하도록 의식한다. 그러면 마치 정말 꿈을 이룬 듯한 기분에 설레기 시작할 것이다. 이때 이왕이면 언어습관과도 연결하여 "나는 일 년 후 영업실적 1위로 인정받고 있어"라고 확실하게 말해 본다.

'아직 그렇게 되지 않았는데 그런 말도 해도 괜찮을까?'라는 생각이 들어도 주저할 필요가 없다. 만일 "나는 지금 영업실적 1위다"라고 말한다면 그것은 거짓말이다.

하지만 "나는 일 년 후 영업실적 1위가 되어 있다"라고 말하면, 그렇게 될 가능성이 제로가 아니므로 현시점에서는 거짓말을 한 게 아니다.

더구나 꿈을 말했다고 하여 누군가에게 상처를 주는 것도 아니다. 그냥 스스로 당당하게 허풍을 치는 것뿐이다. 뇌는 순진해서 그 허

157

풍을 믿고 꿈을 이루려고 함께 행동한다. 사고습관을 바꾸고 싶다면 '~거야'를 '당연히 할 수 있다'는 강력한 이미지로 바꾸어 미래의 설렘을 만들자.

수업포인트

DAY
042

설렐 만한 미래를 상상하여 행동습관의 제동을 피하자

# 043

# 미래 연표와 미래 일기로 더욱 설레게 한다
### 금메달리스트도 실천한 미래 시각화 방법

미래를 더욱 설레게 하려면 미래의 자기 모습을 종이에 써보는 것도 좋은 방법이다. '이렇게 되면 좋겠다'라는 생각만으로 꿈이 실현되지는 않는다. 과거의 기억에 휘둘리지 않으려면 꿈이 정말 이루어진다고 믿을 필요가 있다. 그러려면 미래를 종이에 써서 시각화하고 꿈을 실현한 자신의 모습을 구체적으로 떠올리는 방법이 효과적이다.

그 방법 중 하나가 미래 연표 작성이다. '이렇게 되면 좋겠다'라는 자신의 생각을 쓰고 미래부터 현재까지 연도별로 정렬한다.

2027년 카페 오픈
2025년 카페의 본고장인 프랑스로 유학

2023년 유명 카페로 이직

2022년 프랑스어 학원에 다니기 시작

2021년 지금 일하는 카페의 점장 되기

이렇게 미래 연표를 만들어 본다. 미래 자신의 모습을 연도순으로 써서 시각화하면 이미지는 훨씬 견고해진다. 처음에는 막연했다 해도 미래를 구체적으로 그리면서 정말 이룰 수 있다는 자신감이 생긴다.

미래 일기도 추천한다. 미래 일기는 꿈을 이루는 날을 상상하며 그날의 일기를 쓰는 것이다. 미래 일기는 운동선수들이 많이 쓰는데, 올림픽에서 금메달을 목표로 하는 선수라면 시합 당일을 상상하며 어떤 일이 일어날지 자세히 쓴다.

"2024년 파리올림픽에서 마침내 나는 금메달을 목에 걸었다. 시상대 중앙에 서서 국기가 올라가는 모습을 보니 감개무량했다. 이 영광은 항상 아낌없는 응원을 보내준 팬 여러분과 열정적으로 지도해준 코치님, 동료 그리고 가족 덕분이다. 오늘이라는 멋진 날을 맞게 되어 정말 행복하다."

이처럼 마치 금메달을 목에 건 날 밤에 쓴 듯한 일기를 실전 전에 써둔다. 이 일기는 집에 붙여 두거나 복사한 후 갖고 다니며 항상 눈에 들어오게 한다. 일기를 볼 때마다 금메달을 목에 건 자신의 모습을 강하게 떠올릴 수 있으므로 할 수 있다는 믿음이 생긴다. 금메달을 목에 걸 수 있다는 믿음만 확고하다면 혹독한 연습도 견뎌낼 수 있다. 그리고 정말 그 꿈을 이룰 수 있게 된다.

2012년 런던올림픽 복싱 부문에서 금메달을 획득한 무라타 료타 선수도 미래 일기를 집 냉장고에 붙여 놓았다고 한다. "금메달을 땄다. 감사하다." 아직 일본 대표도 되기 전부터 올림픽 우승을 전제로 한 말을 뇌에 입력한 것이다. 이 말을 쓴 사람은 무라타 선수 본인이 아닌 아내였다고 들었지만, 항상 남편의 눈에 들어오는 냉장고에 붙여 둠으로써 무라타 선수는 저절로 그 이미지를 뇌리에 강하게 새길 수 있었을 것이다.

자신의 미래를 종이에 써서 시각화하는 것이 미래를 설레게 하는 비결이다.

수업포인트

DAY
043

이상적인 미래를 시각화하여 이미지를 더욱 견고히 한다

# 044

## 꿈을 나눌 수 있는 친구를 만든다
긍정적 출력에 긍정적 출력으로 화답할 수 있는 사람과 사귄다

미래의 설렘을 강화하는 방법을 한 가지 더 소개하겠다. 꿈에 대해 긍정적인 대화를 나눌 수 있는 친구를 만드는 것이다. 미래의 꿈을 이야기했을 때 "멋져, 너라면 할 수 있어"라는 긍정적인 말로 화답해 주는 친구가 있다면 뇌 또한 긍정적으로 변한다. 긍정적 출력에 긍정적 출력으로 화답해 주는 그런 친구가 있다면 뇌를 몇 배는 더 설레게 할 수 있다.

아무리 긍정적 출력을 해도 상대방은 부정적 출력으로 되돌려준다면 어떨까? 꿈을 말했는데 "그건 안 될 것 같은데!", "어렵지 않겠어?" 같은 부정적 반응만 돌아온다면 긍정적 출력이 힘을 잃는다.

술자리에서 함께 불평을 털어놓는 회사원들이 많지만, 서로 부정

적 출력만 주고받는 꼴이다. 그 자리에 있는 사람들 모두가 부정적 사고습관에 빠지게 되므로 전혀 득이 되지 않고, 쉽게 의욕을 잃고 만다. 서로 "힘들어", "어려워", "할 수 없어", "최악이야", "어차피 안 돼" 같은 말만 한다면 당신의 미래를 위한 동기부여는 순식간에 사라져 버린다.

반대로 긍정적인 말로 화답해 주는 친구가 있으면 의욕은 높아진다. "간단해", "할 수 있어", "멋져", "잘될 거야", "정말 행운이야" 같은 말을 해주는 친구가 있다면 그 친구와의 대화를 소중히 해야 한다.

수업포인트

DAY
044

긍정적 출력에 긍정적 출력으로 화답해 주는 친구를 소중히 한다

# 045

# 과거에 설렜던 기억이나 존경하는 사람을 찾는다
### 도저히 미래가 그려지지 않을 때의 대처법

지금까지 미래의 꿈을 그려 뇌를 설레게 하는 방법을 소개했다. 하지만 도저히 꿈이 그려지지 않거나 꿈을 그리라는 말에 압박을 느끼는 사람도 있을 것이다.

괜찮다. 그런 사람을 위한 좋은 방법이 있다. 과거에 설렜던 기억을 떠올려 보는 것이다. 미래가 설레지 않는 사람이라도 과거에 그렸던 꿈이나 어릴 적에 좋아했던 것, 즐거웠던 경험은 있을 것이다. 그런 것들을 생각나는 대로 종이에 써본다. 아무리 옛날 일이어도, 아무리 작은 일이어도 괜찮다.

'초등학생 때 달리기에서 1등을 해서 기뻤다.'
'처음 피아노 발표회에 나갔을 때 두근거렸다.'

이런 느낌이면 충분하다. 그리고 스스로 이렇게 물어 보자.

'설렘을 간직했던 당시의 내가 지금의 나를 만난다면 뭐라고 말해 줄 수 있을까?'

아마 격려의 말을 해줄 것이다. "내가 달리기에서 1등을 할 수 있었으니 너도 회사에서 1등을 할 수 있어", "피아노 연습을 그렇게 열심히 해봤으니 지금 하는 일도 더 열심히 할 수 있어"와 같은 긍정적인 말이 떠오르지 않을까? 적어도 "넌 뭘 해도 안 돼" 같은 말은 나오지 않을 것이다.

'과거에 그렇게 즐겁게 했으니 미래에도 분명 설렐 거야.' 이렇게 생각하지 않을까? 지금 당장 미래를 떠올리기는 어려워도 설렐 수 있다고 생각하면 초조해하지 않고 미래의 꿈을 떠올릴 수 있다.

설렘을 찾는 방법은 또 있다. 존경하는 사람을 찾는 것이다. 이상적인 이미지가 떠오르지 않는다면 '저 사람처럼 되고 싶다'라는 사람을 찾아본다. 존경은 미래의 자신을 떠올리는 데 도움을 준다. 이것 역시 종이에 써서 시각화한다. '멋지다', '훌륭하다', '존경스럽다'라고 생각했던 사람을 되도록 많이 쓴다.

그중 가장 호감이 가고 존경스러운 사람을 한 명 선택하여 '만일 이 사람이 나에게 응원을 보낸다면 어떤 말을 해줄까?'를 스스로 질문해 보자. 아마 '당신도 나처럼 될 수 있다', '분명 할 수 있다'와 같은 말을 건네는 모습을 상상할 수 있지 않을까?

　도저히 미래의 꿈을 그릴 수 없다면 설렘을 찾기 위한 계기로 이런 방법도 있음을 기억해 두자.

수업포인트

DAY
045

과거에 설렜던 경험이나 존경하는 사람이 지금 당신의 설렘을 찾는 계기가 된다

## 046

# 뇌를 속여 확신습관을 만든다
## 뇌에 긍정적인 질문을 한다

여기까지 읽은 분들은 이미 눈치챘으리라 생각한다. 우리의 뇌가 얼마나 속기 쉬운지를. 뇌가 진실과 거짓을 구별하지 못해 난감할 때도 있다. 하지만 습관을 들이려는 사람에게 이는 크나큰 행운이다. 인간의 뇌는 '할 수 있어'라고 생각한 것은 전부 해내고야 말기 때문이다. 아무리 어려운 일이라도 뇌는 순진하게 속아 넘어가기 때문에 틀림없이 할 수 있다고 생각하게 된다. 이 확신습관을 만들면 누구나 꿈을 실현할 수 있다.

확신습관은 어떻게 만들까? 뇌에 질문을 하면 된다. 뇌는 모든 질문에 답하는 구조로 되어 있다. 게다가 긍정적 질문을 하면 긍정적 대답을, 부정적 질문을 하면 부정적 대답을 한다.

"왜 난 늘 일이 안 풀릴까?"라고 뇌에 질문하면 뇌는 일이 안 풀리는 이유를 찾는다.

반대로 "어떻게 하면 일이 잘 풀릴까?"라고 뇌에 질문했다면, 뇌는 일이 잘 풀리는 방법을 찾는다.

따라서 후자의 질문을 하면 뇌는 일이 잘 풀리는 방법을 가르쳐주기 때문에 스스로 '할 수 있다'라는 확신이 생긴다.

"나는 왜 이리 멍청할까?"라고 뇌에 질문하면 뇌는 당신이 멍청한 이유를 찾는다.

"나는 왜 이렇게 똑똑하지?"라고 뇌에 질문하면 뇌는 당신이 천재인 이유를 찾는다.

따라서 뇌는 천재가 되는 방법을 가르쳐 줄 것이다. 그리고 스스로 '나는 천재가 분명해'라고 확신한다. 어떤가. 뇌의 성질을 이해하면 뇌를 속이는 것쯤은 식은 죽 먹기가 아니겠는가? '난 할 수 있어', '난 천재야'라는 답을 끌어낼 만한 질문을 반복하면 정말로 그런 사람이 될 수 있다.

성공한 사람은 예외 없이 자신이 할 수 있다고 확신했다. 마쓰시타 고노스케(일본에서 '경영의 신'이

라 불리는 마쓰시타 전기산업의 사장), 혼다 소이치로(혼다의 창업주), 빌 게이츠, 스티브 잡스 같은 사람들은 세상 사람의 99퍼센트가 불가능하리라 생각했던 것들을 이루어 냈다. 그것은 그들에게 성공을 확신하는 습관이 있었기 때문이다. 자신의 뇌는 자기 것이니 맘껏 속여주자.

수업포인트

DAY
**046** ◇ "나는 왜 이렇게 똑똑하지?"라고 긍정적인 질문을 하자

# 047

## 나쁜 착각을 좋은 착각으로 바꾼다
모든 것은 고정관념에 지나지 않는다

뇌가 이렇게 쉽게 속는다는 것은 '모든 것은 고정관념에 지나지 않는다'는 사실을 보여 준다.

생뚱맞은 질문이지만 당신은 가위바위보에 강한가? 강하다고 답한 사람도, 약하다고 답한 사람도 있을 것이다. 그렇다면 강하다고 답한 사람과 약하다고 답한 사람이 만나 가위바위보를 하면 어느 쪽이 이길까?

해보지 않으면 모른다. 당연히 강할 거라 생각한 사람이 지기도 하고 약할 거라 생각한 사람이 이길 수도 있다. 즉, 가위바위보에 강하다는 것과 약하다는 것은 모두 고정관념에 지나지 않는다는 말이다. 요컨대 우리는 늘 자신은 이러이러한 어떤 사람이라고 생각하는데, 과거의 특정 기억이나 사건 때문에 그렇게 굳어졌을 수 있다.

가령, '공부를 못한다'고 생각하는 사람도 과거에 딱 한 번, 어머니에게 "넌 공부를 못하니까"라는 말을 듣고 그렇게 착각하게 된 것인지도 모른다.

명문대에 진학하는 학생의 부모 중에는 명문대 출신이 많은 것으로 알려졌지만, 이것이 꼭 머리 좋은 유전자 때문만은 아니다. 가장 가까이에 있는, 때론 집에서 흐트러진 모습도 보이는 아버지와 어머니가 명문대 출신임을 알고 '부모님이 명문대에 들어갔으니 나 역시 들어갈 수 있다'고 착각한 것뿐이다.

그러면 뇌는 명문대에 들어갈 수 있다고 확신하고 명문대에 들어가는 방법을 가르쳐 준다. 그래서 명문대에 들어가는 데 필요한 공부를 꾸준히 계속할 수 있다.

우리는 이처럼 착각으로 자기 자신을 완성하고 있다. 그렇다면 당연히 나쁜 착각보다 좋은 착각을 할 때, 행복해지기 쉽다. 나는 좋은 착각을 하는 습관을 '착한 착각습관', 나쁜 착각을 하는 습관을 '못된 착각습관'이라고 부른다.

당신도 꼭 이번 장에서 소개한 노하우를 이용하여 계속 착한 착각습관을 만들어 가자. 긍정적인 말을 사용하고 꿈을 실현한 미래의 자신을 상상하여 뇌에 긍정적인 질문을 하면서 '나는 할 수 있다'고 좋은 착각을 하자.

어느 순간 착각이 현실로 다가올 것이다. 그리고 당신이 그린 이상적인 미래를 손에 넣게 될 것이다. 착한 착각습관을 꾸준히 이어가면 어느 순간 꿈꾸던 자신의 모습을 만나게 될 것이다.

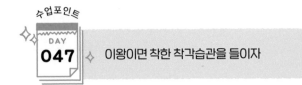

수업포인트

DAY
047

이왕이면 착한 착각습관을 들이자

**5장**

---

# 습관의 힘으로
# 당신의 인생이
# 움직이기 시작한다

# 048

## 습관을 바꾸면 인생의 모든 것이 좋게 바뀐다
계속하고 싶은 것과 끊고 싶은 것

습관을 바꾸면 인생의 모든 것이 바뀐다. 일, 공부, 인간관계, 건강 등 모든 것이 좋은 방향으로 움직이기 시작한다. 지금부터 각 테마별로 습관 형성에 성공하는 포인트를 소개할 테니 꼭 활용해 보기 바란다.

수업포인트

DAY 048

습관을 바꾸면 모든 것이 좋은 방향으로 움직이기 시작한다

## 049

# 좋은 습관 지속하기① 일찍 일어나기
일어나는 시간과 자는 시간을 확실하게 정한다

일찍 일어나려면 먼저 정확하게 몇 시에 일어날지를 정한다. 당연한 것 아니냐고 반문하고 싶겠지만, 일찍 일어나는 습관을 들이지 못하는 사람들은 대부분 자신이 목표로 하는 일찍 일어나는 시간을 제대로 정의하지 못한다.

그러다 보니 '6시에 일어나려고 했는데 오늘은 졸리니까 30분만 더 자자'라고 미적미적 기상 시간을 늦추다가 결국 버틸 수 있는 시간까지 이불 밖으로 나올 생각을 않는다. 일찍 일어나고 싶다면 먼저 매일 몇 시에 일어날지, 그 시간부터 정확하게 정하는 것이 당신이 할 일이다.

일어나는 시간을 정했다면 '한발 앞 습관'을 정한다. 3장에서도 설명했듯이 일어나는 시간을 정했다면 그 한발 앞 행동인 자는 시간도 정해야 한다. 자는 시간을 정했다면 다시, 몇 시까지 씻을지, 몇 시까지 저녁 식사를 마칠지, 몇 시까지 귀가할지 등의 행동을 하나씩 거슬러 가며 각각의 시간을 설정한다.

습관이란, 자기 자신과 약속을 정하고 그것을 지키는 일이다. 이때 약속한 내용이 막연하다면 무엇을 어떻게 바꿔야 할지 본인도 제대로 알 수 없다. 약속 내용은 가능한 한 구체적으로 정하는 것이 습관을 지속하기 위한 비결이다.

수업포인트
DAY
049

일어나는 시간이 모호하면 일찍 일어나는 습관을 들일 수 없다

# 050

## 좋은 습관 지속하기② 일기
### 한 글자라도 괜찮고, 교환일기도 있다

일기를 계속 쓰고 싶다면 되도록 문턱을 낮춘다. 한 줄이라도 괜찮다고 생각하면 아무리 졸리거나 쓸거리가 떠오르지 않아도 약속을 지킬 수 있다.

극단적으로 말하면, 한 글자라도 괜찮다. 어떻게든 일기장을 펼치고 뭔가를 쓰는 작업을 했다면 일기를 쓴 것으로 봐도 무방하다. 매일 형식을 갖춰 일기를 써야 한다고 생각하면 빨리 좌절이 찾아온다. 아무튼 계속 쓰는 것이 중요하다.

그래도 도저히 일기를 쓸 수 없다는 사람은 자신을 위해서가 아니라 누군가를 위해 일기를 쓰는 것도 좋은 방법이다.

어느 기업에서는 사원들에게 'OJT 노트'('on the job training'의 약자로 직장 내 교육훈련을 말한다)를 쓰도록 권장하고 있다. 'OJT 노트'는 일을 끝낸 후, 하루를 돌아보며 느낀 점과 내일의 목표를 매일 노트에 쓰는 일기의 한 종류다.

나의 세미나에 참석한 기업의 사장이 사원들에게 좋은 습관을 익히게 하려고 시작했다는데, 그 목적이 흥미롭다. 사장은 사원들에게 업무 효율을 높이기 위해 노트를 쓰라고 말하지 않았다. 대신, 미래의 자기 아이를 위해 쓰라고 말했다.

젊은 사원들이 결혼해 가정을 꾸릴 때 자신의 아이에게 이 노트를 보여 주며 "아빠와 엄마는 젊은 시절, 이렇게 열심히 살았다"라고 전하는 것이 노트를 쓰는 목적이라고 사장은 말했다. 미래의 아이를 위해서라고 하면 뭐든 건성으로 할 수 없다. 내 아이에게 영향을 끼친다고 생각하면 매일 진지하게 노트를 쓸 것이다.

일기도 마찬가지다. 자신을 위해 계속 쓸 수 없다면 '언젠가 가족에게 보여주기 위해', '소중한 사람에게 나를 알리기 위해'와 같이 누군가를 위해 쓰겠다는 목적을 찾는 것도 일기를 계속 쓸 수 있는 방법이다.

혼자 계속 쓰는 게 힘들다면 교환일기도 좋다. 한 중학교 농구부 선수들의 멘탈 트레이닝을 담당했을 때였다. 나는 당시 선수들에게 노트를 주고 매일 그날 있었던 일을 쓰도록 지도했다. 선수들은 매일 아침 등교하면 교무실로 가서 담당 교사에게 노트를 제출한다. 담당 교사는 그 노트를 훑어보고 코멘트를 적어 본인에게 건넨다. 이른바 선수들과 교사의 교환일기인 셈이다. 읽어 주는 사람이 있다는 것만으로도 게으름 피우지 않고 매일 일기를 쓸 수 있다.

한 생명보험 회사의 영업점에서도 나의 추천으로 영업자들이 교환일기를 쓰고 있다. 자기 생각이나 배운 점 등을 노트에 써서 서로 교환해 읽는다.

낙담해 있을 때도 다른 사람이 쓴 "내일도 열심히" 같은 글을 읽으면 긍정적 입력이 가능하다. 다른 사람이 쓴 글에 긍정적인 자극을 받으면 자기 노트에도 '나도 열심히 해야겠다'와 같은 긍정적인 말을 쓸 수 있다. 긍정적 입력이 긍정적 출력으로 변환된 것이다.

교환일기를 쓰면서 서로 '긍정적 입력 → 긍정적 출력'의 사이클이 반복되어 뇌가 긍정적으로 강화된다. 또 다른 사람이 읽어 주니 동료들의 응원을 실감할 수 있다. 혼자가 아니라는 생각에 기쁘고, 주위에 대한 감사의 마음도 저절로 커진다.

이렇듯 나쁜 점보다는 좋은 점에 눈을 두는 입력습관을 배양하는 데도 교환일기는 좋은 습관이다. 결과적으로 교환일기를 썼던 영업점은 팀워크가 좋고 동기부여가 잘돼 영업실적도 계속 올랐다. 혼자

서 계속하기 힘든 습관은 타인을 끌어들여 계속하게 하는 구조를 만
드는 것이 비결이다. 친구나 연인, 가족도 좋고 함께 일하는 동료들
끼리도 상관없다. 긍정적 에너지를 주고받을 수 있는 누군가를 만들
어 좋은 습관을 지속해 나가자.

**수업포인트**

**DAY 050**

도저히 일기를 쓸 수 없는 사람은 자신이 아닌 누군가를
위해 써보는 것도 한 방법이다

# 051

## 좋은 습관 지속하기③ 블로그
재미있는 것, 기발한 것을 써야 할 필요는 없다

일 또는 취미 관련 정보를 전하거나 독자와의 원활한 소통을 위해 블로그나 메일 매거진을 시작하려는 사람이 많다. 하지만 실제로는 도중에 그만두는 경우가 적지 않다. 블로그나 메일 매거진은 독자가 필요한 매체이므로 일기와 달리 처음부터 다른 사람을 끌어들이는 구조다.

그런데도 계속할 수 없는 것은 왜일까? 좋은 것만 쓰려 하기 때문이다. 재미있는 것이나 기발한 것을 써야 한다고 생각하는 사람이 많은데, 그래서는 문턱이 너무 높다. 이 습관을 들이고 싶다면, 뭐든 좋으니 어떻게든 쓰기만 하면 된다.

나는 12년 정도 전부터 주말을 포함하여 날마다 메일 매거진을 써 왔는데, 일단 한 줄만 쓰면 된다는 각오로 컴퓨터를 켰다. 실제 한 줄만으로 끝낸 적은 없지만, 그렇게 생각함으로써 심리적 문턱이 낮아져 어려움 없이 계속할 수 있었다.

쓸거리가 떠오르지 않는다는 사람에게는 자신에 대해 써보라고 권한다. 자신이 어떤 것을 좋아하고 누구와 함께 살아가며 어떤 일상을 보내고 있는지를 허심탄회하게 쓴다.

"어제는 술이 당겨 가까운 술집에서 한잔 했다."

"남편은 등산을 무척 좋아한다."

이런 내용이라도 상관없다.

자신에 관한 것이라면 뭐든 쓸거리를 찾을 수 있다. 최근의 일 중에서 쓸 만한 게 없다면 어릴 적이나 학창시절에 있었던 일을 써도 좋다. 이렇게 자신의 모습을 솔직하게 전하여 독자들이 다시 읽고 싶게 만든다. 자신을 있는 그대로 전했을 뿐인데 독자들의 반응이 좋으니 쓰는 게 급격히 즐거워진다.

이 단계에 이르면 다음은 저절로 쓸 수 있게 된다. 읽는 사람이 있다고 하여 부담을 갖지 않는 것이 오래 지속하기 위한 포인트다.

수업포인트

DAY
051

특별한 것을 쓰려는 부담을 갖지 말고 한 줄이라도 좋으니 꾸준히 쓰자

# 052

## 좋은 습관 지속하기④ 다이어트
### 성공한 후의 이미지를 구체적으로 그린다

다이어트를 하고 싶다면 먼저 어떤 모습이 되고 싶은지를 명확하게 그린다. 3장에서 이야기했듯이 단순히 '날씬해지고 싶다'가 아니라 '짧은 치마가 잘 어울렸으면 좋겠다', '슈트를 멋지게 소화하여 신뢰감을 주고 싶다'와 같이 구체적으로 그리는 것이 중요하다.

또한, 뇌에 긍정적인 질문을 하여 다이어트에 성공하는 방법을 듣는다. 뇌는 긍정적인 질문을 하면 긍정적인 답변을 보낸다. 그러니 "다이어트에 성공한 이유가 뭘까?"라고 자신의 뇌에 질문하자.

포인트는 이미 다이어트에 성공했다는 것을 전제로 질문하는 데 있다. 뇌는 진실과 거짓을 구별하지 않고 열심히 그 답을 찾아준다. 예를 들면, 이런 대답이 돌아올 것이다.

"고기보다 채소를 즐겨 먹었기 때문에."

"간식을 먹던 시간에 운동을 했으니까."

이 대답을 보면 알 수 있듯이 돌아온 대답은 그대로 다이어트에 성공하는 방법이 된다.

여기에 더해 '이것을 하면 당당히 짧은 치마를 입을 수 있다'와 같이 이상적인 자기 모습이 그려지면 행동으로 옮기기도 쉽다. '이상적인 이미지'와 '긍정적인 질문'은 다이어트를 지속하는 데 든든한 친구가 되어줄 것이다.

수업포인트

DAY
**052**　◇　**자신의 이상적인 모습을 명확하게 그린다**

# 053

## 좋은 습관 지속하기⑤ 러닝
### 피곤하면 도중에 걸어도 괜찮다

러닝을 할 때도 갑자기 높은 목표를 세워서는 안 된다. 매일 아침 5km를 달리기로 했는데 초반 1km 정도에서 벌써 지치면 '역시 나는 안 돼' 하고 바로 좌절하게 된다.

이럴 때도 역시 문턱을 낮추는 것이 요령이다. 지금까지 러닝 습관이 전혀 없던 사람이라면, 일단 밖으로 나가는 습관을 들인다.

1장의 프로 복서로 컴백한 남성의 사례에서 소개했듯이, 초반에는 목표를 낮춰 아침에 일어나면 트레이닝복을 입고 집을 나서는 정도가 좋다. 설령 100m밖에 달리지 못해도

집 밖으로 나왔으니 그날은 약속을 지켰다는 성취감을 얻을 수 있어 뇌가 러닝을 '유쾌함'으로 기억한다. 그래서 다음 날 아침에도 다시 똑같은 습관을 이어 가려고 한다. 잠자기 전 머리맡에 트레이닝복을 챙겨 두는 식으로, 한발 앞 습관도 정하여 실행한다.

매일 밖으로 나가는 게 익숙해지면, 러닝 자체에 목표를 둬도 상관없다. 피곤하다면 도중에 걸어도 괜찮다. 여기에서도 완벽주의는 금물이다. 도중에 걸었다고 해도 처음 몇 분간은 달렸을 테니 '오늘도 러닝을 했다'고 해도 무방하다.

목표는 거리가 아닌 시간으로 정해야 오래간다. 매일 '5km'가 아니라 '30분'으로 목표를 설정하자. 거리를 목표로 설정하면 도중에 달리기가 힘들어져도 매일 5km의 목표를 완수하기 위해 나머지 거리를 걸어야만 하고 때에 따라서는 상당한 시간이 걸릴 수 있다. 그러면 계속하는 게 지겨워진다. 날에 따라 걸리는 시간이 제각각이면 매일 일정에 넣기가 어려워지는 단점도 있다. 그래서 시간을 목표로 설정해야 오래하기 쉬운 구조를 만들 수 있다.

도저히 30분간 계속할 수 없을 때도 있다. 그럴 때는 뇌에 질문을 던져 보자. 두 가지 패턴이 있다.

하나는 '꿈' 질문이다. 이 질문은 '어떻게 되고 싶은가?'를 끌어내는 질문이다. 예를 들어 "러닝을 하면 어떤 점이 좋은가?"라고 물어

보자. 그러면 "건강해지고 일이 순조로워진다"와 같은 대답이 나올 것이다.

다시 "일이 순조로워지면 어떤 점이 좋을까?"라고 물어본다. 그러면 "상사에게 인정받고 더 중요한 일에 도전할 수 있다"와 같은 대답이 나온다.

이처럼 확실한 꿈이 있으면, 뇌가 러닝을 '유쾌함'으로 판단하고 접근반응을 일으켜 계속할 수 있다.

또 하나는 '공포' 질문이다. 이 질문은 '어떻게 되고 싶지 않은가?'를 끌어내는 질문이다. 예를 들어 "러닝을 하지 않으면 어떻게 될까?"라고 물어보자. 그러면 "이대로 체중은 줄지 않고 살이 계속 찔 것이다"와 같은 대답이 나온다.

다시 "살이 찌면 어떻게 될까?"라고 물어본다. 아마 "자기관리도 못하는 사람으로 찍혀 승진에 타격을 받는다"와 같은 대답이 나올 것이다.

이처럼 그렇게 되고 싶지 않다는 명확한 공포가 느껴지면 뇌가 러닝을 하지 않는 것을 '불쾌함'으로 판단하여 회피반응을 일으킨다. 따라서 '꿈' 질문과 마찬가지로 러닝 습관을 지속하기가 쉬워진다.

기본적으로는 긍정적 질문인 '꿈' 질문에서 출발하는 게 좋다. 만일 꿈 질문이 잘 와닿지 않는다면 공포 질문을 시도해 보자. '최악의 상황을 염두에 두고 절대 꺾이지 않겠다'는 반발심으로 열심히 하는 사람도 있다.

어느 쪽이든 뇌에 질문하여 자신이 꿈꾸는 모습을 확실히 인식시킨다. 미래 이미지를 명확히 그릴 수 있다면 믿음이 생겨 의욕이 오래간다.

수업포인트

DAY
053

목표는 매일 5km가 아닌 매일 30분, 즉 시간으로 설정하자

# 054

## 좋은 습관 지속하기⑥ 근육 트레이닝
### 조금씩 횟수를 늘리는 것이 포인트

근육 트레이닝도 기본은 러닝과 같다. 갑자기 한 번도 하지 않던 복
근 운동을 30회 하겠다고 목표치를 높게 잡아서는 안 된다. 단 1회
라도 좋으니 꾸준히 하는 것이 요령이다. 처음부터 복근 운동을
30회 하는 사람보다 조금씩 횟수를 늘려 가는 사람이 즐겁게 계속할
수 있다.

오늘은 1회지만, 내일은 2회, 모레는
3회, 이런 식으로 매일 할 수 있는 횟수
가 늘어 가면 1개월 후 30회를 달성했을
때의 기쁨은 상당하다. 매일 1회씩 횟수
를 늘려 간다면, 게임 감각을 도입하여
설레게 하는 습관을 만들 수도 있다.

특히 근육 트레이닝처럼 신체와 직접 관련이 있는 습관은, 절대 무리해서는 안 된다. 어제는 10회였으나 오늘은 컨디션이 좋으니 30회를 하겠다고 갑자기 몸에 무리를 주면 근육이 놀라고 통증이 생긴다. 그러면 결국 통증이 잦아들 동안 트레이닝을 쉴 수밖에 없다. 또 중간에 중단하게 되면 다시 동기부여를 하기까지 많은 시간과 노력이 든다.

근육 트레이닝을 꾸준히 하고 싶다면, 계단을 오르듯 조금씩 횟수를 늘리는 것이 포인트다. 아무쪼록 계단을 건너뛰지 않도록 하자.

수업포인트
DAY
054
계단을 오르듯 무리하지 말고 조금씩 횟수를 늘려 가자

# 055

## 좋은 습관 지속하기⑦ 일
### 한발 앞 습관이 일의 질과 속도를 높인다

일 잘하는 사람이 되고 싶다면 항상 한발 앞 습관을 의식하자. 아침부터 온 힘을 다해 일을 시작하고 싶다면, 전날 밤에 다음 날 일정을 확인하는 습관을 들인다. 내일 할 일을 확인하면 일정을 효율적으로 정리하여 원활하게 일을 진행할 수 있다. 물건을 깜빡하거나 할 일을 빠트리는 일도 없어지고, 미팅 시간을 착각하는 등의 사소한 실수나 지각도 줄어든다.

뿐만 아니다. 뇌의 골든타임인 취침 10분 전에 다음 날 일정을 확인하면 우뇌가 미래 이미지를 명확하게 그린다. 미팅 상대의 얼굴까지 떠올렸다면 '그 고객이 샘플을 많이 보여 달라고 했는데 내일 최대한 많이 가져가면 분명 좋아할 거야'와 같은 구체적인 장면까지 그릴 수 있다.

뇌는 자신보다 누군가를 위해 무언가를 할 때 몇 배는 더 열심히 하므로 더욱 동기부여를 받을 수 있다. 다음 날 일정을 전날 확인하기 때문에 가능한 일이다. 그 외에도 한발 앞 습관으로 할 수 있는 것은 많다.

→ 전날 회사 책상 위를 깔끔하게 정리한 후 퇴근한다
→ 프레젠테이션에 필요한 자료를 가방에 넣어 둔다
→ 내일 신을 구두를 깨끗하게 닦고 잠자리에 든다

이처럼 다음 날 중요한 일을 원활히 진행하기 위해 할 수 있는 일은 다양하다. 미리미리 업무의 질과 속도를 높이려면 자신이 할 수 있는 한발 앞 습관을 생각하여 실행하도록 한다.

수업포인트

DAY
**055**

전날 밤에 다음 날 일정을 확인하는 습관을 들이자

# 056

## 좋은 습관 지속하기⑧ 부하 직원 육성하기

### 즐거움을 어필한다

부하 직원이 좀처럼 업무 의욕이 없거나 동기부여가 안 돼 고민이라는 사람이 의외로 많다. 그럴 때는 부하 직원에게서 문제를 찾기 쉽지만, 어쩌면 자신의 지도 방법에 문제가 있을 수도 있다.

부하 직원의 성장을 촉진하고 의욕을 심어 주려면 상대의 뇌를 움직여야 한다. 지금까지 여러 차례 설명한 것처럼 뇌는 '그것을 하는 게 옳다'라는 이유만으로는 어떤 행동을 계속하지 않는다. 즐겁지 않으면 계속할 수 없다. 따라서 부하 직원을 지도할 때는 '이것을 하는 게 옳다'라고 가르치기보다 '이것을 하면 즐겁다'라고 가르치는 게 정답이다.

영업직이라면 "목표 매출을 반드시 달성해야 하니까 자네도 열심히 해"라는 말보다 "우리 회사 상품이 경쟁 회사를 제치고 마트 선반을 채운다고 생각하면 기분 좋지 않아?"라는 말로 즐거움을 전한다. 부하 직원이 이 말을 듣고 설렘을 느꼈다면 다음부터는 일일이 독려하지 않아도 목표를 실현하고자 온 힘을 다해 일할 것이다.

무의식중에 부하 직원에게 "이런 것도 못해?", "자네는 안 돼" 같은 부정적 출력을 하고 있지는 않은지 돌아보자. 그 출력은 부하 직원에게 고스란히 입력된다. 그리고 그는 '난 할 수 없어', '난 안 돼'라고 부정적으로 생각해 버린다.

부하 직원을 성장시키고 싶다면 상사인 본인부터 긍정적 출력을 해야 한다. 이런 경우에는 칭찬하는 것이 긍정적 출력이다. 단, 근거가 있는 칭찬이어야만 한다. 또한, 상대의 기준에서 칭찬해야 한다. 절대 자기 기준으로 생각해서는 안 된다.

상사는 부하 직원보다 경험이 많고 실적도 있는 만큼, 부하 직원보다 일을 잘하는 게 당연하다. 그러니 부하 직원 관점에서 "입사 3년 차에 이 정도면 대단해!"라고 칭찬한다. 설령 자기 기준에서 보면 낮은 수준이었다고 해도 상대의 경력에 비췄을 때 어떤지를 생각하는 것이 중요하다.

부하 직원을 칭찬하려면 잘 관찰해야 한다. 방향이 빗나간 칭찬을 하거나 적당한 말로 칭찬한다고 해서 상대가 무작정 기뻐하지는 않는다. "잘했어"처럼 누구에게나 통용되는 칭찬의 말보다는 "지난주에 제출한 보고서 분석이 예리하던데. 아주 좋았어"라고 구체적으로 칭찬할 때 상대는 기뻐한다.

부하 직원의 의욕을 끌어내려면 상대방의 뇌가 기뻐할 만한 긍정적 입력을 해주는 것이 최고다. '어떤 면을 칭찬하면 상대의 뇌가 기뻐할까?'라는 관점에서 부하 직원의 행동을 꼼꼼히 관찰하는 습관을 들이자.

수업포인트

DAY
056

부하 직원의 뇌가 기뻐할 만한 기분 좋은 입력을 해준다

# 057

## 좋은 습관 지속하기⑨ 영업
### 신뢰와 감사가 매출 증가의 열쇠

영업이나 판매 실적이 좋은 사람을 보면 예외 없이 자사 상품에 대한 신뢰가 높고 회사에 감사하는 마음이 크다. 상품에 대한 믿음이 있다면, 당연히 한 명이라도 더 많은 고객에게 상품을 알리고 판매하려고 한다. 따라서 약속을 잡거나 발로 뛰는 영업을 하는 데 전혀 주저함이 없다.

영업은 사람을 많이 만나고 많이 이야기할수록 매출이 오르는 단순한 일이다. 적극적으로 영업처를 찾아다니며 발품을 파는 영업사원일수록 매출이 오르는 것은 당연하다.

하지만 매출이 시원찮은 사람은 '할당량이 있으니 어쩔 수 없이 팔아야 한다'라고 생각한다. 상품에 대해 별로 애정도 없고 회사에서 팔라고 하니 어쩔 수 없이 시늉을 하긴 하는데 '이런 상품이 정말로 팔릴까'라고 본인도 의심한다. 그러니 한번 영업에 실패하면, 다음에도 할 수 없다는 부정적인 사고가 생기고 실제 영업 매출도 떨어진다.

'회사에 감사한 마음이 있는가?' 이것 역시 영업실적에 큰 영향을 끼친다. '개발이나 제조 담당 직원들이 고생해서 만든 상품을 판매하는 역할을 맡았으니 거절을 두려워해선 안 된다.' 이런 사고방식의 소유자는 매출이 계속 오른다. 한편, 영업하는 자신만 고생한다고 생각하는 사람은 '이런 상품은 아무리 해도 팔기 쉽지 않다'라는 사고방식이 뿌리박혀 있다.

'내가 판매하는 상품이 세상을 위한 것'이라 믿고 같은 회사에서 일하는 동료에게 감사하는 마음을 갖는다면 경험이나 경력에 상관없이 누구나 영업실적을 올릴 수 있다. 아마 '우리 회사 상품은 품질이 별로인 데다 평판도 좋지 않아 어쩔 수 없다'고 생각하는 사람도 있을 것이다.

그렇게 생각해서는 아무것도 바뀌지 않는다. 매출을 올리려면, 고객의 평가나 반응을 회사에 피드백하고, "시장에서 이런 의견이 있으니 개선을 검토해 달라"라고 개발이나 제조 담당 부서에 적극 제안할 필요가 있다.

단, 그러려면 자신이 먼저 사내에서 인정받는 사람이 되어야 한다. 실적도 없는데 "이런 상품을 만드니까 안 팔린다"라고 불평하면, "당신이 노력하지 않아서"라는 싸늘한 반응만 되돌아올 뿐이다. 상품의 개선점이나 자기 의견을 회사에 말하려는 사람일수록 먼저 눈앞의 일에 최선을 다해야 한다.

'이것을 하고 싶다'라는 굳은 각오를 말이나 행동으로 나타내면, 저절로 같은 생각을 하는 사람이 주위에 모여들어 많은 사람의 응원을 받을 수 있다. '상품을 더 좋게 개선하고 싶다'라고 말이나 행동으로 출력하면 그것이 주위 사람들의 뇌에 입력되어 '상품을 더 좋게 개선하려면 어떻게 해야 할까?'라는 생각을 하게 된다.

바꾸고 싶은 게 있다면 불평불만만 할 게 아니라, 생각을 말이나 행동으로 출력하는 것이 결과적으로 주위 협력이나 도움을 끌어낼 수 있는 길이다.

수업포인트

DAY
057

많은 고객을 만나 많은 이야기를 할 수 있도록 상품과 동료를 사랑하자

# 058

## 좋은 습관 지속하기⑩ 입시 공부
### 입학 후의 설렘을 떠올리면 힘든 공부도 견뎌낼 수 있다

입시 공부를 할 때 학생들은 대부분 자신이 원하는 학교의 합격을
목표로 한다. 하지만 합격해야 한다는 생각만으로는 힘든 입시 공부
를 견뎌내기 어렵다.

그럴 때는 '그 학교에 합격하면 어떤 일이 생길까?' 하고 설레는

모습을 그려 본다. 원하던 공부에 몰두
하는 모습, 새 친구를 많이 사귄 모습,
동아리에서 중요한 역할을 해내는 모습,
즐거운 시간을 보내는 자신의 모습을
구체적으로 그리자. 꿈이 클수록 견딜
수 있는 인내의 양도 커진다.

'이 학교에 들어가서 이런 것을 하고

싶다'라는 꿈이 강할수록 오랫동안 꾸준히 공부할 수 있다. 지금껏 공부는 고사하고 무엇이든 진득하게 했던 경험이 없다면, 입시 공부 외에 다른 작은 습관을 시작해 본다.

나는 초등학생을 대상으로 '뇌 개발 트레이닝'도 진행하는데, 아이들에게 항상 한 가지 약속을 하게 한다. 다름 아니라, 자기가 사용한 수저와 그릇은 자기가 씻는 것이다. 함께 온 보호자들은 '공부법을 배우려고 온 건데'라고 생각하겠지만, 공부와 관련 없어도 스스로 정한 약속을 지키는 경험을 하는 것이 중요하다.

작은 것을 습관화할 수 있는 사람은 입시 공부 또한 계속할 수 있다. 꾸준히 해나가는 기술은 어떤 분야에서든 응용할 수 있다. 지금까지 공부가 힘들어서 계속하지 못한 사람은 공부 이외에 누구나 할 만한 작은 습관부터 시작해 보자. 공부 습관을 만드는 데도 틀림없이 도움이 될 것이다.

수업포인트

DAY
058

공부 외에 누구나 할 수 있을 만한 작은 습관을 시작해 본다

# 059

## 좋은 습관 지속하기⑪ 영어 공부
영어를 잘했을 때 생길 즐거운 일을 떠올린다

영어 공부를 계속하려는 사람은 무엇을 위해 그것을 하려는지가 비교적 명확하다. 업무상 필요해서, 외국계 기업에 취업하고 싶어서, 해외여행에서 현지인과 원활하게 대화하고 싶어서 등 제각기 영어를 배우고 싶은 이유가 있을 것이다.

하지만 유감스럽게도 그런 이유만으로는 영어 공부를 계속하기가 어렵다. 설레는 감정이 부족하기 때문이다. '무엇을 위해'라는 목적뿐만 아니라, 영어를 잘하게 되면 어떤 즐거운 일이 있을지 떠올리며 최대한 꿈을 크게 키우는 것이 중요하다.

업무상 영어가 필요한 사람 중에는 승진하려면 토익 점수가 몇 점 이상이어야 한다는 이유로 어쩔 수 없이 영어 공부를 시작한 사람도 있을 것이다. 그런 사람은 단순히 점수만 목표로 할 게 아니라, 승진하면 어떤 즐거운 일이 있을지를 떠올려 본다.

'승진하면 동기 중에 가장 먼저 임원이 된다.'
'승진하면 늘 하고 싶었던 기획을 실행에 옮길 수 있다.'

이런 설레는 꿈을 그릴 수 있다면 대성공이다.
꿈이 간절할수록 인내의 힘도 커지므로 꿈을 향해 꾸준히 노력할 수 있다.

수업포인트

DAY
**059** ◇ 영어를 익히면 어떤 즐거운 일이 있을지를 떠올린다

## 060

# 좋은 습관 지속하기⑫ 독서
## 일단 책을 펼치기만 한다

책을 읽는 습관을 만들고 싶다면 좋은 방법이 있다. 매일 책을 펼치기로 자신과 약속하는 것이다. 매일 30분씩 책을 읽는다거나 매일 10페이지씩 책을 읽는다고 약속할 필요는 없다. 독서를 습관화하고 싶은 사람은 지금까지 책을 펼치는 습관조차 없었을 테니 되도록 문턱을 낮추는 것이 중요하다.

책을 펼치기만 하는 것이라면 독서를 어려워하는 사람이라도 할 수 있다. 읽고 싶지 않다면 책을 펼쳤다가 그대로 덮어도 괜찮다. 책을 펼치기로 약속한 거니까 전혀 읽지 않아도 상관없다. 책을 펼치는 데 익숙해졌다면 다음은 '첫 한 줄만 읽기'로 한다.

진짜 한 줄로 끝내도 좋고 책이 마음에 들면 두 줄, 세 줄 읽어 나가도 무방하다. 하지만 실제로 첫 줄을 읽어 보면 다음이 궁금해지는 법이다. 따라서 두 줄 세 줄 행수를 늘려 가는 것은 그리 어렵지 않다.

독서의 첫걸음은 책을 펼치는 습관이다. 하지만 많은 사람이 이를 어려워한다. 갑자기 난해한 책을 읽으려고 하면 좌절하기 쉬우니 처음에는 흥미 있거나 읽기 쉬운 책으로 고르자. 그래도 독서가 어렵다면 만화책이나 그림책부터 시작한다.

독서를 어려워하는 사람은 손에 쥔 책이 따분했거나 내용을 이해하지 못했던 기억이 있다. 뇌가 '독서는 불쾌한 것'으로 판단하여 책 읽는 것을 싫어하는 것이다. 따라서 일단은 '독서는 유쾌한 것'으로 인식하도록 해야 한다. 책을 펼치는 게 즐겁다고 생각할 수 있다면 만화책이라도 상관없다. 책을 펼치는 것이 즐겁다는 데이터를 뇌가 기억하면, 다음은 소설이나 자기계발서, 교양서 등으로 바꾸어도 즐겁게 책을 펼칠 수 있다.

독서를 습관화하려면 시간과 장소를 정하는 게 좋다. 매일 출퇴근 지하철 안에서, 점심시간에 사무실 책상에서, 집에 돌아가면 소파에 앉아 책을 펼치는 등 일상의 어딘가에 독서 일정을 넣으면 습관을 만들기 쉽다.

그때는 한발 앞 습관도 의식한다. 출퇴근 지하철 안이나 회사에서 책을 펼치기로 했다면, 책을 가방에 넣어 두는 습관이 필요하다. 집에 돌아와서는 거실 테이블 등 눈에 띄는 곳에 책을 둔다. 이렇게 하면 책을 손에 들고 펼치는 습관이 저절로 몸에 밸 것이다.

수업포인트

DAY
060

만화책이나 그림책이라도 좋으니 가능한 한 책을 펼치자

# 061

## 좋은 습관 지속하기⑬ 저축
### 저축에 이름을 붙이고 확실한 목적을 부여한다

돈을 함부로 낭비하는 것도 아닌데 이상하게 돈이 모이지 않는 사람은 무엇을 위해 돈을 모으는지 의미를 부여할 필요가 있다. 그럴 때 추천하는 방법이 저축에 이름을 붙이는 것이다.

'보통 저축'은 매월 급여가 입금되는 계좌다. '목적 저축'은 특정 목적을 위해 돈을 저축하는 계좌다. 가족여행이나 자동차 구매, 주택 대출금 상환 등과 같이 구체적인 목표를 세워 계획적으로 저축한다. '평생 저축'은 평생 찾지 않겠다는 각오로 저축하는 돈이다. 매월 급여의 10퍼센트를 넣는 식으로 금액을 정한 후 꾸준히 돈을 모은다.

나는 아이들에게 어릴 적부터 세 개의 계좌를 갖게 했다. 용돈이나 세뱃돈을 받았을 때, 평소 문구류나 과자 등을 사기 위해 사용하는 돈은 '보통 저축'에 넣는다.

자전거나 장난감 구매 등의 특별한 목적이 있는 경우는 '목적 저축' 계좌에 넣는다. 그런데 돈을 저축하다 보면 목적이 바뀌는 경우도 종종 있다. 게임기가 갖고 싶어 반년 넘게 열심히 저축했는데, 막상 사려고 하니 그 게임기가 벌써 구형이 되어 관심이 줄어든 경우다. 이렇듯 목적 저축은 충동구매를 방지하는 역할도 톡톡히 한다. 정말 필요하다면 반년 후나, 일 년 후에라도 갖고 싶을 것이다. 목적 저축은 자신에게 '이것은 정말 필요한가?'를 생각할 시간을 준다. 무엇을 위해 저축할 것인지를 명확히 하고 그것을 강하게 의식하면 돈은 착실하게 모인다.

용돈이나 세뱃돈의 10퍼센트는 반드시 '평생 저축'에 넣는다. 아이들이 성장했지만, 처음 약속한 대로 이 저축에는 절대 손대지 않고 있다. 평생 찾지 않을 돈을 저축해서 뭘 하겠느냐고 하겠지만, 마지막에는 그 돈을 기부하기로 했다.

나를 위해서가 아니라 누군가를 위해서라면 더 열심히 할 수 있고, 내가 저축한 돈으로 누군가가 기뻐하는 모습을 그릴 수 있다면 더 기쁘고 즐겁다. '내가 쓰지 않을 돈인데 아깝다'는 생각보다 누군가 잘 써준다면 기쁠 것 같다는 생각이 인생을 풍요롭고 행복하게 한다.

이처럼 저축에 이름을 붙여 확실하게 의미를 부여하는 것이 착실하게 돈을 모으는 요령이다. 돈이 남으면 저축하겠다는 막연한 생각으로는 절대 돈이 모이지 않는다. 무엇을 위해 돈을 모으는지 명확히 한 후 그것을 강하게 의식하면 돈은 차곡차곡 모인다.

수업포인트

DAY 061

보통 저축, 목적 저축, 평생 저축, 세 개의 계좌를 만든다

# 062

## 좋은 습관 지속하기⑭ 인간관계
바꿀 수 있는 것부터 바꾸어 간다

나만 좋으면 그만이라는 사고습관은 인간관계를 악화시키는 가장 큰 요인이다. 원만한 인간관계를 구축하려면 상대방 중심의 사고습관이 필요하다.

'어떻게 하면 기뻐할까?'

'어떻게 하면 도움이 될까?'

이런 생각을 하면 저절로 상대가 기뻐할 말이나 표정이 출력된다. 그 대표적인 말이 "고맙다"는 말이다. "고맙다"는 말을 듣고 기분이 나쁜 사람은 없다. "고맙다"는 말은 어떤 사람도 기쁘게 만드는 마법의 말이다.

웃는 얼굴로 인사하거나 상대의 장점을 칭찬하는 것도 인간관계를 좋게 하는 습관이다. '그래봤자 상사는 늘 혼만 내니까 절대 고맙다는 말은 하고 싶지 않아.' 이렇게 생각하는 사람도 있을 것이다. 하지만 내가 상대를 바꿀 수는 없다. 인간관계를 바꾸고 싶다면 자신의 말이나 행동을 바꾸는 방법밖에 없다.

나에게 멘탈 트레이닝을 받은 한 여성도 상사와의 관계로 고민이 많았다. 상사는 위압적인 성격인 데다 부하 직원의 기분은 전혀 배려하지 않는 사람이라고 했다. 그렇다고 상사를 바꿀 수는 없다. 바꿀 수 있는 건 자신의 말과 행동뿐이다. 그래서 그녀는 '만일 그 상사가 내가 좋아하는 사람이라면 어떻게 대할까?' 고심했다. 그리고 좋아하는 사람에게 하는 것과 똑같이 자기 말과 행동을 바꾸어 갔다.

→ 아침에 만나면 반갑게 인사한다

→ 내가 먼저 말을 건다

→ 상사의 좋은 면을 열심히 찾아 칭찬
   한다

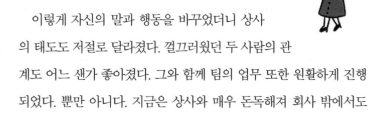

안녕
하세요

이렇게 자신의 말과 행동을 바꾸었더니 상사의 태도도 저절로 달라졌다. 껄끄러웠던 두 사람의 관계도 어느 샌가 좋아졌다. 그와 함께 팀의 업무 또한 원활하게 진행되었다. 뿐만 아니다. 지금은 상사와 매우 돈독해져 회사 밖에서도 종종 저녁을 함께 먹는 사이가 되었다. 상사와의 인간관계로 머리를 싸매며 고민했던 시간이 마치 꿈만 같았다.

사람을 싫어해서 좋을 건 하나도 없다. 상대방의 험담을 하거나 머릿속으로 안 좋은 것을 생각하는 것만으로도, 뇌 안에서는 계속 부정적 출력과 입력이 반복된다. 그렇게 되면 무의식중에 자기 말과 행동에도 그 생각이 나타난다. 자신은 감추고 있다고 생각해도 상대방에게는 그 감정이 고스란히 전해진다. 그러면 상대방도 당신에게 점점 거리를 두기 때문에 서로 더 싫어하게 된다. 그래봤자 아무에게도 득 될 게 없다. 상사와 부하 관계라면 팀워크가 깨져 일에 지장만 줄 뿐이다.

억지로 상대를 좋아할 필요는 없다. 싫어하는 마음을 바로 멈출 수 없더라도 말이나 표정, 동작 등의 출력을 긍정적으로 바꾸면 된다. 내가 바꿀 수 있는 부분부터 해나간다. 이것이 인간관계를 원만하게 하는 습관을 만드는 법이다.

수업포인트

DAY
062 ◆ 상대를 기쁘게 하려면 "고맙다"는 말을 습관으로 만든다

# 063

## 좋은 습관 지속하기⑮ 가족

### 당연함을 고마움으로 바꾼다

"고맙다"는 말은 인간관계를 원만하게 하는 마법의 언어로, 가족과의 관계도 바꾸어 준다. 흔히 가족과의 관계는 당연하게 여기기 쉽다. '아내가 가사와 육아를 하는 것은 당연하다', '남편이 생활비를 벌어 오는 것은 당연하다', '부모님이 나를 키워 주는 것은 당연하다'라는 생각이 몸에 배면 상대방에 대한 감사가 점점 사라진다.

그런 기분이 서로에게 전해지면 가족 사이에도 거리가 생긴다. 집에 그런 분위기가 감돈다면 오늘부터 당장 가족에게 "고맙다"고 말하는 습관을 들이자.

어떤 남성은 나의 조언으로 아내에게 100일 동안 매일 아침 "고맙다"는 말을 하기로 했다. 하지만 갑작스러운 남편의 행동에 당황한 아내는 "무엇이 고마운지 제대로 설명하라"고 했다. 그러자 남성은 "이부자리를 정돈해 줘서 고맙다", "욕실 청소를 해줘서 고맙다" 등으로 매일 다르게 고마움을 전했다.

처음에는 좋은 습관을 익히려는 것이 목적이었지만, 80여 일이 지날 무렵에는 '아내가 나를 위해 이렇게 많은 것을 해주었구나' 하고 진심으로 감사하는 마음이 솟았다. 그리고 95일째에는 아내로부터 "진심으로 나에게 고마워하고 있군요. 저도 고마워요!"라는 뜻밖의 말을 들었다. 100일째 되는 날, 아내는 남편이 지금껏 했던 말을 쓴 메모를 책자로 만들어 선물했다고 한다.

감사의 마음을 계속 전했더니 언젠가 상대방도 감사의 마음을 전해 와 서로 더욱 소중히 여기게 되었다. 이것이 감사의 힘이다. 당신도 가족에 대한 당연함을 고마움으로 바꾸어 보기 바란다.

수업포인트

DAY
063

◇ 가족에게 매일 "고맙다"고 말한다

# 064

## 좋은 습관 지속하기⑯ 정신 건강
### 단점보다 장점을 본다

최근 들어 정신 건강의 문제를 호소하는 사람이 늘고 있다. 일이나 인간관계로 스트레스가 쌓여 결국 마음의 병이 되는 사례가 끊이지 않는다. 마음의 건강을 유지하고 회복하려면 4장에서 소개한 출퇴근 시간의 기쁨, 직장에서의 즐거움, 가정에서의 행복을 노트에 쓰는 습관이 매우 효과적이다.

이것은 좋은 면을 찾는 습관이므로 어떤 것에서든 긍정적인 면을 찾아낼 수 있다. 매사에 나쁜 면만 보면 스트레스만 쌓일 뿐이다. 의식적으로 매사 좋은 면에만 눈길을 주는 습관을 들이도록 한다.

만원 지하철에 탔을 때, 평소라면 '사람이

왜 이렇게 많아. 짜증 나!'라고 스트레스를 받았겠지만, 출퇴근 시간
의 기쁨을 찾고자 한다면 '이렇게 사람이 많은데도 사고 없이 무사
히 역에 도착해서 다행이야!'라고 생각하면 어떨까?

나의 세미나에 온 한 여성도 마음의 병이 깊은 상태였다. 회사에
서는 남자들에게 지지 않으려고 일에만 몰두하며 승승장구해 왔는
데, 갑자기 자회사로 좌천당했기 때문이다. 처음에 그녀는 "회사는
아무것도 모른다", "나는 자회사 같은 데 있을 사람이 아니다" 같은
불평을 쏟아냈다.

하지만 내가 기쁜 일, 즐거운 일, 행복한 일에 관해 매일 써보라고
한 이후로 그녀의 모습은 몰라보게 밝아졌다. 자회사에도 새로운 만
남이나 재미있는 일은 있는 법이다. 또한, 자기 뒤에 든든한 가족이
있다는 것도 새삼 소중하게 다가왔다.

그 후, 세상 고민을 다 안은 듯한 얼굴을 하고 있었던 게 믿어지지
않을 만큼 표정도 밝아지고 말 한마디 한마디도 긍정적으로 바뀌었
다. 자회사에도 친한 동료가 생겨 적극적으로 일에 매진할 수 있게
되었고, 지금은 직접 기획한 신규 사업을 펼치기 위해 열정적으로
일하고 있다.

건강한 마음으로 긍정적인 하루하루를 보내고 싶다면 좋은 면을
찾는 습관을 들여야 한다. 어떤 일에서든지 나쁜 면보다는 좋은 면

을 찾다 보면 나중에는 의식하지 않아도 좋은 면이 눈에 먼저 들어온다. 이런 습관이 몸에 배면 무심코 지나쳤던 일에서도 새로운 기쁨과 즐거움을 발견할 수 있을 것이다.

수업포인트

DAY
**064**  ◇ 의식적으로 기쁜 일, 즐거운 일, 행복한 일에 눈길을 준다

# 065

## 좋은 습관 지속하기⑰ 청소
집에 도착한 즉시 시작한다

청소를 하지 않아 항상 집이 너저분한 사람은 대부분 뇌가 과거 기억을 바탕으로 '청소는 귀찮고 불쾌한 것'이라 판단하고 회피반응을 일으킨다. 따라서 청소 습관을 들이려면 0.5초가 지나 뇌가 '청소는 불쾌한 것'이라는 부정적 사고를 완성하기 전에 먼저 행동해야 한다. 집에 돌아와 '오늘은 청소나 해볼까' 하고 여유 부릴 틈을 주면 안 된다.

현관문을 열고 집에 들어서면 곧바로 청소를 시작한다. 눈앞의 휴지를 줍거나 청소기를 꺼내는 등 어떤 작업이라도 좋으니 즉시

행동에 옮긴다.

이때 중요한 것은 온 집 안을 윤이 날 때까지 청소해야 한다고 생각하지 않는 것이다. 그런 높은 과제를 부여하면 또 청소하기가 싫어진다. 휴지를 세 개만 줍거나 청소기를 5분만 돌리는 것과 같이 간단하게 할 수 있는 일로 시작한다.

또 뇌를 설레게 하는 방법도 있다. 창 닦기가 귀찮다면 창 하나하나에 이름을 붙인다. "○○야. 넌 오늘도 참 깨끗하구나"라고 말을 걸면서 창을 닦으면 지겨운 작업도 즐겁게 할 수 있다. 이런 방식이 쑥스러울 수도 있지만, 조금만 뇌를 즐겁게 해주면 아무것도 하지 않을 때보다 습관을 정착시키기 훨씬 쉽다.

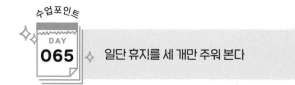

수업포인트

DAY
065

일단 휴지를 세 개만 주워 본다

# 066

## 좋은 습관 지속하기⑱ 자녀교육
### 긍정적인 질문으로 긍정적인 답변을 끌어낸다

아이의 뇌는 부모의 출력에 의해 만들어진다. 아버지나 어머니의 말이나 표정, 동작이 아이의 뇌에 입력되어 사고습관이 완성되기 때문이다.

"왜 못하는 거야?", "정말 답답해"가 입버릇인 부모 밑에서 자란 아이는 '난 아무것도 할 수 없어', '난 안 돼'라는 사고가 각인된다.

물론 아이를 키우다 보면 그런 말이 목까지 차오를 때도 있다. 그때는 부정적인 말을 긍정적으로 바꾸어 본다. "그건 안 돼"라는 부정적인 말이 아니라 "어떻게 하면 잘할 것 같아?"라고 긍정적인 질문을 한다. 그러면 아이의 뇌는 긍정적인 대답을 하려고 잘하는 방법을 열심히 찾는다.

"공부해"라는 말도 무심코 자주 하게 되는데, 공부를 싫어하는 아이에게 억지로 공부하라고 강요하면 오히려 역효과가 난다. 공부를 싫어하는 것은 아이의 뇌에 이미 '공부는 불쾌한 것'이라는 과거 데이터가 있기 때문이다.

그래서 "공부해"라는 말을 들은 순간, 하기 싫다는 반응을 보인다. 공부 대신 다른 말을 사용해 보면 어떨까? 향상이나 성장 같은 긍정적인 말로 변환해 보는 것이다. "공부해"가 아니라 "오늘도 성장하자"라고 말하면 아이의 반응이 달라진다.

부모가 직접 행동으로 보여 주는 것도 효과적이다. 아이에게는 공부하라고 말하면서 부모는 텔레비전을 보며 웃고 있다면, 아이도 텔레비전을 보고 싶어지는 게 당연하다. 하지만 "엄마도 책을 읽을 테니까 우리 함께 성장하자"라고 말하며 책을 읽기 시작한다면 아이도 따라오지 않을까? 부모의 출력이 아이의 입력이 된다는 사실을 잊지 말자.

수업포인트

DAY
066

"공부해"라고 말하지 않고 "오늘도 성장하자"라고 말해 본다

# 067

## 나쁜 습관 끊기① 담배·술
### 부정적 출력으로 회피반응을 유도한다

뇌가 불필요한 것에 접근반응을 일으키면 끊고 싶은 것도 끊을 수가 없다. 담배를 끊고 싶은데 끊지 못하는 사람은 뇌가 '담배는 유쾌한 것'이라고 판단하여 담배가 눈에 띄면 무심결에 손이 나가 버린다.

일단 담배가 눈에 띄어도 즉시 피우지 않고 틈을 두어야 피우고 싶다는 생각이 행동으로 옮겨지는 것을 막을 수 있다. 그래도 피워 버렸다면 말이나 동작으로 부정적 출력을 한다. "아, 매워!"라고 말하거나 일부러 기침을 하면, 뇌는 '담배는 맵

다', '몸에 해롭다'라고 믿는다. 이런 식으로 '담배는 불쾌한 것'이라는 데이터를 만들면 뇌가 담배에 회피반응을 일으켜 담배를 끊기가 쉬워진다.

끊는다는 것은 '오늘만 담배를 안 피우면 된다'가 아니다. 오늘은 참았어도 내일 피워 버리면 끊은 것이 아니다. 100일을 참았더라도 101일째 피워 버리면 역시 끊은 게 아니다. 끊는다는 것은 '오늘도 담배를 피우지 않았다', '오늘도 술을 마시지 않았다'는 상태를 쭉 이어 가는 것이다. 오늘도 하지 않겠다는 습관을 만들어 그것을 꾸준히 실천하는 것이 무엇보다 중요하다.

수업포인트

DAY
067

'담배와 술은 불쾌한 것'이라는 데이터를 쌓아 회피반응을 유도한다

<u>**068**</u>

# 나쁜 습관 끊기② 도박
### '공포' 질문이 효과적이다

도박을 끊지 못하는 사람이 있다. 창피하지만 나도 예전에 도박에 빠졌던 적이 있다. 도박이 습관이 되면 돈뿐만 아니라 사회적 신용이나 가족과의 관계까지 흔들린다.

도박을 끊고 싶다면 '공포' 질문이 효과적이다. "도박을 계속하면 어떻게 될까?"라고 질문해 보자. 그러면 "가족과 함께 보낼 시간을 빼앗긴다"와 같은 대답이 나온다.

거기에서 다시 "가족과 함께 보낼 시간을 빼앗기면 어떻게 될까?"라고 질문하면, "사랑하는 사람들의 고민을 들을 수 없고 최악의 경우 가정이 해체될지도 모른다"와 같은 대답이 나온다. 이런 대답이 나온다면 도박을 끊고 싶은 생각이 강하게 들 것이다.

　물론 '꿈' 질문도 효과가 있다. "도박을 끊으면 어떤 점이 좋을까?"라고 질문하면, "가족과 함께 시간을 보낼 수 있다"와 같은 대답이 나온다. 다시 "가족과 함께 시간을 보내면 어떤 점이 좋을까?"라고 질문하면 "가정이 평화롭고 화목해져 업무에도 좋은 영향을 준다"와 같은 대답이 나올 것이다. 그렇게 되면 역시 도박을 끊어야겠다는 생각이 들지 않을까?

　도박에서 벗어나려면 이렇게 스스로 질문을 던져 무엇이 중요한지를 깨닫는 과정이 필요하다.

**수업포인트**

**DAY 068** '공포' 질문과 '꿈' 질문을 이용하면 도박하는 습관을 끊을 수 있다

# 069

## 나쁜 습관 끊기③ 폭음·폭식
### 이미지로 뇌에 제동을 건다

건강이나 다이어트를 위해 과식을 피하고 싶은데 무심코 폭음이나 폭식을 할 때가 있다. 그런 경우 눈앞의 음식에 뇌가 회피하고 싶어 하는 이름을 붙여 보자.

케이크나 육류라면 '지방 덩어리'라고 이름 붙인다. 그리고 "지금부터 이 지방 덩어리를 먹자"라고 말해 본다. '지방 덩어리'라는 말을 좋아하는 사람은 없을 테니, 뇌가 회피반응을 일으켜 폭음과 폭식에 제동을 걸게 된다.

표정으로도 뇌에 제동을 걸 수 있다. 단것을 피하고 싶다면 단것

을 먹을 때 미소를 짓지 말아 본다. 입꼬리를 올려 미소를 지으면 뇌는 좋은 일이 있다고 판단한다. 하지만 입꼬리를 올리지 않고 미소를 짓지 않으면 뇌는 좋은 일이 없다고 판단한다. 미소를 짓지 않으면 뇌는 단것을 먹어봤자 좋은 일이 없다고 믿는다. 그러면 다음에 단것을 앞에 둬도 과식을 피할 수 있다.

　말을 바꾸고 표정을 바꾸어 뇌를 속이면 능숙하게 식욕을 조절할 수 있다.

수업포인트

DAY
069 ✧ 말이나 표정으로 식욕에 제동을 건다

# 070

## 나쁜 습관 끊기④ 게임
시간 낭비라고 바꾸어 말해 본다

게임을 끊고 싶다면 말을 변환하는 것이 효과적이다. 예를 들면, '게임'이 아니라 '시간 낭비'라고 바꿔 말하는 것이다. 게임을 하고 싶다고는 생각해도 시간 낭비를 하고 싶다고 생각하는 사람은 없을 것이다. 이처럼 뇌가 회피반응을 일으키는 말로 변환하면 저절로 게임에서 거리를 두게 된다.

다른 습관을 들이는 방법도 있다. 흔히 출퇴근이나 등하교 전철 안에서 무심코 게임에 손을 대곤 한다. 그럴 때 전철 안에서 책을 펼치거나 영어 듣기를 하는 등의 습관을 들이면 게임을 할 틈이 자연스럽게 사라진다.

혹은 노약자나 임산부에게 자리를 양보하는 습관을 들이면 항상 주위 상황에 신경 써야 하므로 역시 게임을 할 틈이 없어진다. 아무 것도 할 게 없어 무심코 게임에 손을 대는 사람은 게임 대신에 다른 할 거리를 정해 두도록 하자.

수업포인트

DAY
070

게임을 하게 되는 장소나 시간을 다른 습관으로 메워 게임할 틈을 없앤다

# 071

## 좋은 습관을 들여 최고의 인생을 보내자
습관의 힘으로 운명까지 바꾼다

이번 장에서는 다양한 습관을 형성하는 요령을 소개했다. 이렇게 보니 인생의 어떤 상황에서든 습관이 지지자 역할을 톡톡히 해주고 있음을 알 수 있지 않은가?

우리는 좋은 습관을 이어 가기도 하고 나쁜 습관을 끊기도 한다. 모든 것은 자신이 어떻게 생각하고 행동하느냐에 달려 있다. 지금까지는 일이 뜻대로 되지 않으면 '내 탓이 아니야', '운이 나빴어'라고 핑계를 댔을지도 모른다. 하지만 그런 결과를 초래한 것은 다름 아닌 자신의 습관 때문이다.

우리의 뇌는 어떤 정보가 입력되든 말이나 동작 등의 출력으로 상황을 긍정적으로 바꿀 수 있다. 긍정적 출력을 하는 사람은 주위 사람에게도 긍정적 입력을 하므로, 그 사람이 머무는 자리는 항상 밝고 온화하다. 하는 일마다 잘 풀리고 운이 좋아 보이는 사람은, 사실 습관으로 좋은 운을 만들어 낸 것이다.

마지막으로, 이 책의 서두에서 전했던 말을 다시 한번 반복한다.

능력의 차이는 없다.

다만 습관의 차이가 있을 뿐이다.

당신의 인생은 당신이 결정한다.

좋은 습관을 익혀 풍요롭고 알찬 최고의 인생을 보내자.

수업포인트

DAY 071 ✦ 습관을 자기편으로 만들어 최고의 인생을 보내자

## 맺으며

나의 젊은 시절은 무엇 하나 뜻대로 되는 일이 없었다. 앞서 이야기
했듯 사업에 실패하고 도박에도 빠지는 등 새삼 돌이켜보니 파란만
장한 인생이었다. 그때 나를 바꾸려고 하지 않았더라면 지금 나는
어떤 모습일지 생각하기조차 두렵다. 그러나 다행히 나는 '습관 형
성'이라는 인생의 화두를 만났고 조금씩 작은 습관을 실천해 갔다.

→ 언제든 밝고 큰소리로 인사하기
→ 누군가가 부르면 씩씩하게 대답하기
→ 고맙다는 말 많이 하기

이런 작은 습관 하나하나가 내 인생을 바꾸었다. 그래서 습관의

중요성을 많은 사람에게 전하고 싶어졌다. 내가 지금 이렇게 습관 형성 컨설턴트로 활동하는 것 자체가 습관의 힘 덕분이다.

물론 당신도 바뀔 수 있다. 나도, 그리고 내 세미나 수강생들도 처음에는 모두 고민이 깊었다. 꿈이나 자신감도 없었다. 하지만 이 책에서 소개했듯이 많은 수강생이 습관 형성 스킬을 익혀 인생을 바꾸어 나갔다. 그러니 당신도 스스로를 믿고 첫걸음을 내디뎌 보자.

한 가지 질문을 하겠다. 당신이 생각하는 좋은 인생이란 무엇인가? 100명이 있다면 100가지 답이 나올 것이다. 그래도 상관없다. 정답이 없기 때문이다. 당신이 생각하는 좋은 인생을 마음에 그리고 그대로 된다고 믿으며 거기에 필요한 습관을 꾸준히 실천하면 대부분은 이루어진다.

최근 들어 '100세 인생'이라는 말이 세간에 화제다. 우리의 인생은 지금보다 훨씬 길어질 것이다. 게다가 앞으로 사람이 하는 일의 대부분을 인공지능이 대체할 것이다. 그렇다면 인공지능에 대체되지 않는 보람되고 자기다운 인생을 보내려면 어떤 능력이나 스킬이 필요할까? '인간 됨'과 '습관'이라는 두 가지 주제에서 그 답을 찾을 수 있다. 미래의 자기계발의 보고는 주로 여기에 있다.

이 책에서 나는 오랫동안 파고들었던 습관이라는 본성에 관해 실천적인 지혜를 소개했다. 나 스스로 많은 것을 배웠다. 산리 니시다의 후미오 회장에게서는 경영자로서의 사고습관을 배우고, 그 후 하츠미 사장이 알려준 'SBT 슈퍼 브레인 트레이닝'으로 인간이 가진 능력을 향상시켜 최대치를 발휘하게 하는 행동습관을 배웠다.

이 책을 손에 쥐고 마지막까지 읽어 주신 여러분에게도 정말 감사하다. 여러분이 꿈꾸는 인생을 손에 넣는 데 책에서 배운 원리가 작게나마 도움이 될 수 있기를 간절히 바란다.

# 하루 5분
# 습관 수업

**1판 1쇄 발행** 2021년 1월 11일
**1판 10쇄 발행** 2023년 3월 14일

**발행인** 박명곤 **CEO** 박지성 **CFO** 김영은
**기획편집** 채대광, 김준원, 박일귀, 이승미, 이은빈, 이지은, 성도원
**디자인** 구경표, 임지선
**마케팅** 임우열, 김은지, 이호, 최고은
**펴낸곳** (주)현대지성
**출판등록** 제406-2014-000124호
**전화** 070-7791-2136 **팩스** 0303-3444-2136
**주소** 서울시 강서구 마곡중앙6로 40, 장흥빌딩 10층
**홈페이지** www.hdjisung.com **이메일** main@hdjisung.com
**제작처** 영신사

"Inspiring Contents"
현대지성은 여러분의 의견 하나하나를 소중히 받고 있습니다.
원고 투고, 오탈자 제보, 제휴 제안은 main@hdjisung.com으로 보내 주세요.

현대지성 홈페이지